John Callanan

Meditieren mit Anthony de Mello

W0228898

HERDER spektrum

Band 4789

Das Buch

Anthony de Mello: ein spiritueller Meister unserer Zeit. Die von ihm entwickelte Meditationsweise verbindet Elemente östlicher Tradition mit der geistlichen Übung des christlichen Kulturkreises. Sie ist einer Vielzahl von Menschen zur Quelle der Inspiration geworden. John Callanan, selbst Meditationslehrer, hat an zahlreichen Workshops de Mellos teilgenommen. Sein Buch stellt Übungen im Geiste Anthony de Mellos vor: In der Achtsamkeit etwa auf den eigenen Atem läßt sich erhöhte Aufmerksamkeit schaffen. Wo Aufmerksamkeit ist, wird tiefgreifende Veränderung möglich. In der Stille der Meditation läßt sich wiederfinden, was im Getriebe des Alltags übertönt zu werden droht: Bewußtheit unserer selbst und der anderen, Kraft zur Heilung von schmerzhaften Erinnerungen, Freude am Wert des Lebens – jene Freude also, die Anthony de Mello auch als Mensch ganz unmittelbar ausstrahlte.

Der Autor

John Callanan SJ hat an zahlreichen Seminaren Anthony de Mellos teilgenommen und verfügt selbst über langjährige Erfahrung als Meditationsleiter. Er hält Meditationskurse im Geiste Anthony de Mellos in England, Irland und den USA ab und war Leiter eines Meditationszentrums in Dublin. Derzeit arbeitet er für die Freiwilligengemeinschaften seines Ordens.

Anthony de Mello SJ, 1931–1987, hielt über zwei Jahrzehnte Meditationskurse und therapeutische Seminare in aller Welt ab. Bei Herder/Spektrum: Eine Minute Unsinn (Band 4379); Warum der Vogel singt (Band 4149); Wer bringt das Pferd zum Fliegen? (Band 4304); Wie ein Fisch im Wasser (Band 4459); Warum der Schäfer jedes Wetter liebt (Band 4523); Zeiten des Glücks (Band 5009); Mit Leib und Seele meditieren (Band 5017); Gib deiner Seele Zeit (Band 4757).

John Callanan

Meditieren mit Anthony de Mello

Übungen und Inspirationen

Aus dem Englischen
von Bernardin Schellenberger

Herder
Freiburg · Basel · Wien

Titel der englischen Originalausgabe:
The Spirit of Tony de Mello.
A Handbook of Meditation Exercises.
Mercier Press, Dublin 1993
© John Callanan 1993

Deutsche Erstausgabe

© Verlag Herder Freiburg im Breisgau 2000
Satz: DTP-Studio Helmut Quilitz, Denzlingen
Druck und Bindung: Freiburger Graphische Betriebe 2000
Umschlaggestaltung: R · M · E, Roland Eschlbeck, Liana Tuchel
Umschlagmotiv: © Hanno von Uthmann
ISBN 3-451-04789-6

Meinen Eltern gewidmet und allen, die andere ermutigen, wie Adler zu fliegen, statt wie Stallhühner am Boden zu bleiben.

▪ Inhalt ▪

◼ Dank ◼

Viele Menschen haben mir dabei geholfen, dieses Buch zu schreiben. An erster Stelle möchte ich mich bei meinen Eltern und Familienangehörigen und meinen Jesuiten-Mitbrüdern bedanken. Sie haben mich auf den Weg gebracht, ein Gespür für den Geist zu entwickeln, den Anthony de Mello erschlossen hat. Darüber hinaus gilt mein Dank P. Eddie O'Donnell SJ, der mich immer wieder ermutigt und sich außerdem furchtlos daran gemacht hat, das Manuskript zu korrigieren. Danken möchte ich auch P. Donal Neary SJ sowie Carmel und Vera für ihre treue Freundschaft – sie haben mich beim Schreiben immer von neuem inspiriert; meinem Bruder Bill, ebenfalls Jesuit, der die Illustration beigesteuert hat; sowie meinen Teamkameraden im „Tabor Retreat House", die interessiert mitgemacht und meine Gebetsübungen erprobt haben. Ihnen danke ich auch dafür, daß sie mir immer wieder gut zugeredet haben – ohne ihre Hilfe hätte ich nie angefangen, dieses Buch zu schreiben.

Einleitung

Viele Menschen können sich daran erinnern, wo sie gerade waren, als John F. Kennedy erschossen wurde. Ich entsinne mich genauso gut, zu welcher Zeit und an welchem Ort mich eine andere Nachricht überraschte: nämlich, daß Anthony de Mello gestorben sei. Seinerzeit befand ich mich in Bolivien und erwartete schon ungeduldig den Tag meiner Rückkehr nach Irland. Dort wollte ich an Anthonys neuem Meditations-Seminar teilnehmen, das er für Irland vorgesehen hatte; und da also erreichte mich die Nachricht von seinem unerwarteten Tod. Ich war überrascht und fassungslos. Mein erster Gedanke war: „Das darf nicht wahr sein!" Er hatte so viele Menschen inspiriert – darunter auch mich. In diesem Augenblick kam mir der Gedanke: Es würde sich lohnen, das aufzuschreiben, was ich aus den Exerzitien mit ihm und aus seinen Seminaren behalten habe.

Das vorliegende Buch ist die Frucht meiner Erinnerungen an meine gemeinsame Zeit mit Anthony de Mello. Darüber hinaus habe ich versucht, einiges vom Wesen und Geist dieses Mannes festzuhalten. Anthony de Mello war ein begnadeter Lehrer. Er lehrte durch Vorträge, Seminare, Videos und Bücher, mit einer charakteristischen Mischung aus Spiritualität, Geschichten und Anekdoten, die sich dem Zuhörer einprägten. Seine Geschichten und Anekdoten hatten stets eine besondere Pointe. Sie erhellten immer von neuem unseren alltäglichen Ehrgeiz, unsere Klein-

11

kariertheit, Dummheit, Oberflächlichkeit oder Selbstgefälligkeit. Aber weil er seine Geschichten immer in Form von Scherzen und humorvollen Bildern bot, verging uns dabei nie das Lachen, vor allem nicht das Lachen über uns selbst. Er brachte uns zum Lachen, und wir lernten dabei. Manche hielten Anthony nicht nur für einen begnadeten, sondern geradezu für einen gefährlichen Lehrer. Er stellte sich selbst ständig in Frage. Ebenso stellte er die Welt, in der er lebte, in Frage, und infolgedessen auch alle Menschen, mit denen er zu tun bekam. Auf manche Menschen wirkt diese Art Infragestellung unbequem und verwirrend. Anthony vertrat die Ansicht, daß unsere Sicherheit nicht auf Gedanken oder Ideen beruht, ganz gleich, wie tief sie sein mögen. Wir beziehen unsere Sicherheit auch nicht aus Traditionen, so sehr wir diese schätzen mögen. Wenn es überhaupt eine Art Sicherheit gibt, so kann sie sich nur aus der Einstellung und Bereitschaft zum gründlichen Nachdenken ergeben. Folglich – so Anthony – müsse man ausnahmslos jede Überzeugung konsequent hinterfragen. Fragen aber sind oft unbequem. Indem sie uns jedoch zum Nachdenken zwingen, gewährleisten sie, daß wir uns innerlich weiterentwickeln.

Dieses Buch richtet sich vor allem an Leser, die wenig oder nichts von Anthony de Mello oder seinem Werk wissen. Es eignet sich aber auch für diejenigen, die einige seiner Bücher gelesen haben, aber vielleicht einen Anstoß brauchen oder suchen, wieder nach ihnen zu greifen und sich noch einmal von ihnen inspirieren zu lassen. Anthony selbst hat immer wieder empfohlen, daß man seine Übungen und Bücher in kleinen Dosen zu sich nimmt. Am besten zitiere ich einfach, wie er selbst es ausgedrückt hat. Er riet, seine Geschichten auf drei verschiedene Arten zu lesen:

1. Lesen Sie eine Geschichte einmal durch. Lesen Sie dann weiter. So bleibt die Lektüre unterhaltsam.
2. Lesen Sie die eine oder andere Geschichte zum zweiten Mal. Denken Sie darüber nach. Was hat die Geschichte mit Ihrem eigenen Leben zu tun?
3. Lesen Sie die betreffende Geschichte, nachdem Sie über sie nachgedacht haben, noch einmal durch. Werden Sie daraufhin innerlich ganz still, damit die Geschichte ihre verborgene Tiefe und ihren Sinn enthüllen kann. Das liegt jenseits aller Worte und Gedanken. Sie werden auf diese Weise ein Gespür für die mystische Dimension bekommen. Oder tragen Sie die betreffende Geschichte den ganzen Tag mit sich herum, damit sie sich Ihnen mit ihrem Duft und ihrer Melodie einprägen kann. Lassen Sie sie zu Ihrem Herzen sprechen, nicht nur zu Ihrem Gehirn. Auch das könnte Ihnen eine mystische Dimension eröffnen. Die meisten dieser Geschichten wurden ursprünglich in der Absicht erzählt, diese mystische Tiefe zu erschließen.

Das gleiche gilt für das vorliegende Buch. Ich empfehle Ihnen, mit dem ersten Kapitel anzufangen, obwohl es vielleicht nicht ganz leicht zu lesen ist. Üben Sie sich darin, innerlich still und achtsam zu werden. Führen Sie die Übungen zum Hinhören und die Atemübungen durch, denn ich habe diese Übungen an den Anfang der meisten späteren Imaginationsübungen oder Meditationen zum Evangelium in diesem Buch gestellt. Diese Übungen stammen meist nicht von Anthony de Mello selbst, beruhen jedoch auf dem Stil, den er empfohlen hat. Sie sind von mir und anderen im Laufe von ungefähr acht Jahren bei Exerzitien und Seminaren entwickelt worden und haben sich als hilfreich erwiesen, und sie basieren auf dem Gebetsstil, den Anthony selbst bei seinen eigenen Meditations-Seminaren gepflegt hat.

Wo möglich, nenne ich die Menschen, von denen ursprünglich bestimmte Anregungen für eine Meditation oder Imaginationsübung stammen. Aber es liegt in der Natur solcher Übungen, daß viele von ihnen im Laufe der Zeit immer wieder abgewandelt oder auf konkrete Umstände abgestimmt werden. So möchte ich mich gleich zu Anfang bei denjenigen entschuldigen, deren Ideen oder Anregungen ich übernommen habe, ohne noch zu wissen, von wem sie ursprünglich stammten.

Viele Menschen, die Anthony de Mello kannten, haben ihn als unerschöpfliche Quelle der Ermutigung und Einsicht für ihr eigenes Leben erlebt. Biographische Einzelheiten über ihn gibt es nur wenige. Er hat jedoch selbst die Vermutung geäußert, daß viele seiner Einsichten auf seinen frühesten Kindheitserfahrungen in Indien beruhten. Dort wurde er nicht nur von der christlichen Kultur geprägt, sondern auch stark von der hinduistischen und buddhistischen. Er hatte das Glück, als junger Jesuit zum Studium der Philosophie nach Spanien geschickt zu werden. Dort hinterließen die Werke einiger christlicher Mystiker, darunter Teresa von Avila und Johannes vom Kreuz, einen tiefen Eindruck bei ihm. Anschließend schickten ihn seine Jesuiten-Oberen zum Studium der Psychologie in die USA. So konnte er schließlich in seinen Seminaren und Exerzitien eine kenntnisreiche Zusammenschau von östlicher und westlicher Spiritualität bieten, verbunden mit dem Wissen und Bewußtsein um die psychologischen Aspekte der Natur des Menschen.

Allerdings hätte man in seinen Anfangsjahren als Priester nicht voraussagen können, wohin ihn sein Denken führen würde. In diesem Abschnitt seines Lebens wurde er in Indien mit dem Amt des Novizenmeisters betraut, und nach seiner eigenen Aussage dachte er während dieser Zeit noch in sehr konventionellen Bahnen und war ziemlich streng. Ich erinnere mich an eine Begebenheit, die er aus seiner Zeit als Novizenmeister erzählt hat. Kurz nachdem er dieses Amt angetreten hatte, war er entsetzt darüber, wie locker es viele seiner Novizen mit der praktischen Umsetzung ihres Armutsgelübdes nahmen. Um ihnen das klarzumachen, rief er die Novizen zusammen und eröffnete ihnen, die Vielzahl und der Aufwand an Kleidungsstücken, die sie besäßen, übersteige seiner Auffassung nach das tragbare Maß. Er ordnete an, nach dem Abendgebet solle jeder Novize in sein Zimmer gehen und dann alle Kleidungsstücke nach unten bringen, die er für entbehrlich halte. Sie sollten einer örtlichen Wohlfahrtseinrichtung zur Verfügung gestellt werden. An diesem Abend kam im Gemeinschaftsraum eine ansehnliche Sammlung von Kleidungsstücken zusammen. Ein Brudernovize, der damals dabei war, erzählte Anthony später, nachdem die anderen seinerzeit zu Bett gegangen seien, habe er sich nach unten in den Gemeinschaftsraum geschlichen und sich verschiedene passende Sachen herausgesucht und mitgenommen. Denn damals habe er fast nichts Anständiges zum Anziehen besessen. Als Anthony später diese Geschichte erzählte, beschloß er sie mit dem Spruch: „Na ja, wenigstens einer von uns hatte damals noch seinen gesunden Menschenverstand."

Anthony de Mello besaß die Gabe, wo immer er hinkam, eine neue Art von Lebendigkeit zu schaffen. Ich selbst erlebte das am deutlichsten 1977 während seines ersten Besuchs in Irland. Er hatte 1975 bei der 32. Generalkongregation der Jesuiten in Rom eine wichtige Rolle gespielt. Daher hatte ihn der irische Provinzial eingeladen, in unserem Meditationszentrum einwöchige Exerzitien zu halten. Anthony de Mello trat damals mit verblüffender Frische auf. Es war erstaunlich, welchen Geist er schon am ersten Abend zu wecken vermochte. Seine Zuhörer waren von der ersten Minute an bis an ihre Grenzen gefordert, und viele verbrachten den ganzen Abend, als wären sie wie gebannt. Bei zwei späteren Exerzitien und Gebetsseminaren, an denen ich in Irland und Kalifornien teilnahm, war die Wirkung genauso. Was er predigte, erschreckte manche Menschen bis ins Mark, weckte aber einen Durst nach Leben, der bis heute anhält. Manche teilten zwar nicht jede seiner Ansichten, aber ich glaube, nur sehr wenige blieben davon unberührt.

Ich weiß aus Erfahrung, daß ich in regelmäßigen Abständen auf seine Bücher, Audio- und Videokassetten zurückgreifen muß, um in mir wieder ein Stück weit seinen Geist und seine Spiritualität aufzufrischen. Viele Menschen haben mir bei Exerzitien und Seminaren gesagt, daß sie solche Auffrischungskurse ebenfalls hilfreich finden. Diejenigen Leser, die wenig oder nichts über Anthony de Mello wissen, werden durch das vorliegende Buch vielleicht dazu angeregt, Anthony de Mellos Originaltexte zu lesen und auf sich wirken zu lassen. Die Titel seiner Werke sind im Literaturverzeichnis aufgeführt. Was die Leser angeht, die bereits einiges über Anthony und seine Lehren wissen, hoffe ich, daß sie in diesem Buch neu auf seinen Geist stoßen und sich dazu ermutigen lassen, zur Auffrischung und Erneuerung wieder auf die Originaltexte selbst zurückzugreifen. Mir liegt sehr daran, daß auf diese Weise das Interesse und die Begeisterung für Anthony de Mellos Werk und Einsichten gefördert werden.

Als Anregung für diejenigen, die selbst Anthonys Gebetsmethode ausprobieren möchten, habe ich an den Anfang dieses Buches ein Einleitungskapitel über die Grundlagen des Gebets gestellt. Darauf aufbauend versuche ich dann, einen Eindruck der Ideen und Themen zu vermitteln, die Anthony de Mellos Ausführungen so viel Leben verliehen haben.

Als weitere Anregung befindet sich am Ende jedes Kapitels eine Auswahl von Gebetsübungen und Meditations- und Imaginationsanleitungen, die dabei helfen können, sich mit Anthonys Meditations- und Gebetsstil vertrauter zu machen.

Anthony de Mello starb jäh am 2. Juni 1987 in New York, während er ein Seminar an der Fordham University leitete. Er hatte alles bis zum Letzten gegeben, aber sein Geist lebt fort. Ich betrachte dieses Buch als Dank dafür, wie sehr er uns dabei geholfen hat, das Leben ganz neu schätzen zu lernen.

John Callanan SJ

1

Die Grundlagen

Anthony de Mello berichtete immer wieder, in seiner Frühzeit habe er öfter an Meditations-Seminaren teilgenommen, in denen der buddhistische Stil des Betens vermittelt wurde. Während dieser Seminare hätten die Teilnehmer einen großen Teil ihrer Zeit darauf verwendet, sich auf ihren Atem zu konzentrieren und ihn zu kontrollieren. Einer der Lieblingssprüche von Anthony lautete: „Dein Atem ist dein bester Freund." Zu Beginn aller Exerzitien und Seminare, an denen ich unter seiner Leitung teilgenommen habe, nahm er sich Zeit zu erklären, wie der Atem funktioniert und wie man ihn unter Kontrolle bringen, zur Ruhe kommen lassen und sich seiner bewußt werden kann, um so die Voraussetzungen dafür zu schaffen, Gott zu begegnen. Ich hoffe, daß mir dies in diesem ersten Kapitel genauso praxisnah gelingt. Es geht mir darum, zu einigen Grundschritten anzuleiten, an die man sich halten kann, wenn man auf die Art meditieren und beten möchte, wie sie Anthony vorgeschlagen hat. Am Ende jedes Kapitels stelle ich eine Evangelienmeditation oder Imaginationsübung vor, und ich möchte Sie anregen, sich auf diese Übungen jeweils wie im folgenden beschrieben vorzubereiten.

Den Geist zur Ruhe kommen lassen:
Einleitende Übungen

Lassen Sie sich bequem an dem Platz nieder, an dem Sie beten oder meditieren möchten. Schließen Sie die Augen und beginnen Sie, Ihren Geist zur Ruhe kommen zu lassen. Versuchen Sie das, indem Sie sich aus der Sie umgebenden Welt zurückziehen und möglichst alle Zerstreuungen loslassen. Anfänglich ist das nicht einfach. Alle möglichen nichtigen Gedanken werden Ihnen kommen, Ihr Geist wird wild umherschweifen. Vielleicht überlegen Sie: „Was muß ich noch zum Abendessen einkaufen?" oder: „Habe ich den Gashahn auch wirklich abgedreht?" Aber nach einiger Zeit werden Sie merken, wie sich diese Ablenkungen legen. Wenden Sie Ihre Aufmerksamkeit nach und nach Ihrem Atem zu. Atmen Sie sanft durch Ihre Nase ein, und ziehen Sie den Atem bis tief in Ihre Magengrube hinunter. Manchen Menschen hilft es, sich dabei vorzustellen, mit dem Atem zögen sie den Geist Gottes in sich hinein, oder auch einfach einen leichten Nebel oder eine Farbe.

Wenn Sie diese Übung ausprobieren, stellen Sie sich zum Beispiel plastisch vor, wie Sie beim Einatmen die Farbe Gelb einatmen. Während der Atem in Sie einströmt, malen Sie sich im Geist lebhaft aus, wie gelber Rauch durch Ihre Nasenlöcher hereinweht, an Ihrem Gaumen vorbeigleitet, Ihre Kehle hinabfließt und ihre Schultern ausfüllt, sich in Ihre Arme und Ihre Brust herabsenkt, bis er schließlich Ihre Wirbelsäule hinabwandert und schließlich Ihre Magengrube ausfüllt, wo Sie ihn spüren können, wenn Sie Ihre Hand sanft auf Ihren Bauchnabel legen.

Jetzt atmen Sie sachte aus und lassen alle verbrauchte

Luft entweichen, oder stellen Sie sich vor, daß die gelbe Farbe oder der gelbe Nebel Ihren Körper wieder verläßt, dabei wieder zuerst aus Ihrer Magengrube aufsteigt, langsam aus Ihrem Bauch verschwindet, in Ihre Brust hochzieht, dann Ihre Arme und Schultern hinauf, den Gaumen hinauf und dann zwischen Ihren Lippen hinaus. Manchmal hilft es auch, dabei mitzuzählen und sich zu sagen: „Jetzt atme ich ein – und jetzt atme ich aus – zwei – drei – vier", oder auch: „Ich atme Christus ein, ich atme alle Sorgen aus." Oder man kann auch sagen: „Ich atme alles Gute ein", dann sanft vier oder fünf Sekunden innehalten und danach zu den Worten „Ich atme allen Kummer aus" alle verbrauchte Luft aus dem Körper ausströmen lassen, bevor man ruhig den nächsten Atemzug kommen läßt. Erspüren Sie das Gefühl der Ruhe, das sich allmählich einstellt, während Sie diese Übung machen.

Einen Ort zum Meditieren
oder Beten auswählen

Es geht bei der Meditation darum, das innere Schweigen zu finden, und in diesem Schweigen Gott, oder auch umgekehrt: sich darin von Gott finden zu lassen. Wählen Sie sich also einen Ort, an dem Sie möglichst nicht gestört werden. Manche Menschen finden es hilfreich, dafür eine Ecke ihres Zimmers zu reservieren, die sie vielleicht mit einem Lieblingsbild oder einer Ikone und einer Kerze schmücken. Das hilft Ihnen, in sich eine innere Stille zu schaffen.

Anderen hilft ein stiller Raum mit einem dicken Teppich auf dem Boden, weil sie am besten im Liegen meditieren können. Ich nahm an Anthony de Mellos erstem

Meditations-Seminar in Irland zusammen mit drei Jesuiten teil, die mit mir eine Wohnung in der Innenstadt von Dublin bewohnten. Als wir wieder nach Hause kamen, stellten wir fest, daß uns diese Begegnung tief bewegt hatte. Wir beschlossen, jeden Morgen zusammenzukommen und zu versuchen, gemeinsam im gleichen Raum zu beten. Diese gegenseitige Unterstützung zusammen mit der Stille des Raumes, den wir dazu benutzten, war sehr hilfreich dabei, uns an die Meditationstechnik zu halten, die uns Anthony gezeigt hatte. Es kann auch für Sie im Frühstadium Ihrer Meditationspraxis eine große Hilfe sein, wenn Sie sich dazu einen besonderen, eigens dafür ausgewählten Platz suchen. Dieser Platz sollte warm, still und abgeschieden sein, weil dies die Begegnung mit Gott erleichtert. Nach einiger Zeit werden Sie an diesem Platz eine gute Atmosphäre verspüren, und in Ihrem Geist wird sich Ihr Meditationsplatz mit einem Gefühl inneren Friedens verbinden.

Sie können Ihren Gebets- oder Meditationsort eventuell mit Knieschemel, Teppich, Ikone, Kreuz und Bibel sowie Räucherstäbchen und einem Lämpchen oder einer Kerze ausstatten, je nachdem, was Ihnen hilfreich erscheint. Das hängt auch davon ab, wie stark Sie sich von Ihrer Umgebung beeinflussen lassen. Viele Menschen lassen sich stark von der äußeren Atmosphäre beeinflussen, während es anderen ziemlich gleichgültig ist, wie ihre Umgebung aussieht. Probieren Sie aus, was für Sie am besten ist. Und noch ein letzter Tip: Stellen Sie Ihr Telefon leise, bevor Sie anfangen.

Eine Zeit zum Meditieren
oder Beten auswählen

Ganz gleich, welche Art von Reise man unternimmt – um voranzukommen, sollte man sich an einen bestimmten Fahrplan halten. Etwas ganz Ähnliches gilt für die Meditation und das Gebet. Wenn Sie sich dafür täglich eine bestimmte Zeit freihalten können, wird Ihnen die Disziplin, die Sie für das Einhalten dieser Zeit aufbringen, eine wichtige Hilfe sein. Versuchen Sie, sich auf eine bestimmte Zeitdauer festzulegen, sagen wir, eine halbe Stunde. Diese Gewohnheit wird Ihnen das Gefühl geben, daß diese halbe Stunde Ihre Meditations- oder Gebetszeit ist, und früher oder später werden auch die anderen merken, daß Sie zu dieser Zeit nicht gestört werden möchten. Wenn man routinemäßig eine bestimmte Zeit für etwas Besonderes vorsieht, ist das schon an sich gut für die Psyche.

Welche Tageszeit Sie sich als Ihre Meditationszeit wählen, liegt bei Ihnen. Sie kennen Ihre eigenen Möglichkeiten und wissen, was für Sie am besten ist. Bei Exerzitien äußern viele Teilnehmer, sie empfänden den frühen Morgen als besonders geeignet, weil sie zu dieser Zeit noch nicht von ihrer Alltagsarbeit in Beschlag genommen sind. Als ich selbst als Jesuitennovize mit dem Meditieren begann, war natürlich jeden Morgen die Meditation das erste, weil man noch von der gängigen Theorie ausging, morgens sei der Geist am frischesten. Abgesehen davon ist die Gefahr tatsächlich groß, daß man das regelmäßige Üben schleifen läßt, wenn man Meditation oder Gebet für eine spätere Tageszeit vorsieht. Aber grundsätzlich ist für Sie die beste Zeit zum Beten oder Meditieren die Zeit, die Ihnen persönlich am besten liegt. Halten Sie sich also an das, was Ihnen tatsächlich hilft und was für Sie am praktischsten ist. Anfänglich haben Sie vielleicht das Gefühl, daß sich dabei gar nicht viel abspielt, aber sehen Sie die still verbrachte Zeit einfach als eine Möglichkeit zum „Aufladen der Batterien". Schon nach kurzer Zeit werden Sie merken, daß sich das lohnt.

Im Laufe der letzten Jahre sind eine ganze Reihe meiner Jesuiten-Mitbrüder und ihre Freunde gefragt worden, wie sie beten und welche praktischen Tips sie zu diesem Thema geben können. Ich bringe hier einige ihrer Antworten in der Hoffnung, daß sie Ihnen genauso helfen wie mir. Einer von ihnen sagte, daß er beim Beten vier Phasen durchlaufen habe: „Zuerst sprach ich Gott an. Dann redete ich mit Gott. Dann hörte ich auf Gott. Jetzt höre ich für Gott." Auf die Frage, warum sie beteten, nannten die Befragten die folgenden Gründe: „Zunächst einmal, weil ich den dauernden Wunsch habe, Gott näherzukommen und tiefer aus meinem Inneren heraus zu leben, als ich das die meiste Zeit tue. Außerdem bewegt es mich tief, wenn ich mit anderen darüber spreche, wie sie beten, und es motiviert mich selbst immer wieder zum Beten, und sei es nur aus dem Grund, meine eigene Glaubwürdigkeit zu wahren. Und schließlich glaube ich ehrlich aufgrund meiner eigenen Erfahrungen, daß das Gebet für mich der wichtigste Weg ist, um in mein tiefstes Selbst vorzudringen, nämlich in den Teil meiner selbst, wo Gott meinen Geist innerlich anrührt. Im Gebet versetze ich mich in die Gegenwart Gottes und stelle mir selbst die Frage: Was erwarte ich am heutigen Tag von Gott? Diese Frage bringt mich dazu, auf den kommenden Tag vorauszuschauen; ich versuche, mich auf die Menschen einzustellen, mit denen ich zu tun haben werde, auf die Orte, an denen ich sein werde, die Tätigkeiten, die ich verrichten werde. Wenn ich im Geist rasch all das durchgehe, bitte ich Gott vielleicht unwillkürlich um Hilfe für all das, was mir an diesem Tag begegnen wird und was ich tun werde. Diese Bitte führt mich tief in die Ruhe meines Herzens. Was genau erbitte ich von Gott für heute? Indem ich mir diese Frage stelle, merke ich, daß ich innerlich zur Ruhe komme. Mein bestes Gebet ergibt sich wahrscheinlich aus manchen Erfahrungen, die mich tief beeindruckt haben. Ich muß dann vor Gott über diese bestimmte Erfahrung nachdenken, mir über meine Gefühle klar werden, den Sinn dieser Erfahrung für meine Zukunft tiefer verstehen. Selbst in Zeiten, wo ich nicht bete, weiß ich, daß Gott unendlich freundlich ist und sich mir nie aufdrängt. Er wartet wie ein geduldiger Freund."

Möge er auch auf Sie warten.

Meditation
Der Verlorene Sohn

Für diese Meditation ist es sehr hilfreich, wenn Sie es sich bequem machen, Ihre Augen schließen und sich mit Hilfe einer der Vorbereitungsübungen darauf einstimmen.

1. Schritt:

Lesen Sie im Evangelium die Geschichte vom Verlorenen Sohn (Lukas 15, 2–32).

Wenden Sie diese Geschichte auf Ihr eigenes Leben an, indem Sie sich in den Verlorenen Sohn und sein Verhältnis zu seinem Vater hineinversetzen. Vielleicht möchten Sie sich selbst in dieser Rolle als Sohn oder Tochter sehen. Der Sohn nimmt sich selbst aus irgendeinem Grund nicht an. Vielleicht hat er tief in seinem Inneren Gefühle der Minderwertigkeit, oder er fühlt sich von den anderen gering-geschätzt. Er fühlt sich schon seit geraumer Zeit nicht mehr wohl, fühlt sich ausgeschlossen, weiß nicht recht, was er mit sich anfangen soll; er hat keine rechten Perspektiven für die Zukunft und ist sich im unklaren darüber, welche Richtung er für sein weiteres Leben einschlagen soll. Er weiß: Je länger er sich von seiner Familie ausgeschlossen fühlt, desto mehr leidet er unter seinem Leben. Vielleicht wird er nie mehr imstande sein, das Gefühl zu haben, mit ihm sei alles in Ordnung. An wen soll er sich wenden? Schließlich entschließt er sich zu einer verzweifelten Tat.

Erste Denkpause:

Herr, hier halte ich inne und denke an die Zeiten, in denen ich mich selbst aus bestimmten Situationen ausgeschlossen habe oder auf Distanz zu anderen Menschen gegangen bin. Du hast unablässig die Hand nach mir ausgestreckt und mich wieder zurückgeholt. Laß mich dafür dankbar sein. (Bleiben Sie bei diesem Bild, solange Ihnen das frucht-bar erscheint, und dann machen Sie weiter.)

2. Schritt:

Der Vater des Verlorenen Sohnes ist draußen auf den Fel-dern bei der Arbeit. Er spürt, was sein Sohn durchmacht, und er wünscht sich sehnlichst, irgendwie an ihn heranzu-kommen. Der alte Mann hat ein feines Gespür. Er möchte, daß sein Sohn innerlich frei wird; er macht sich große Sor-gen, weil er weiß, daß der Junge so weit kommen muß, daß er seine eigenen Entscheidungen treffen und sein eigenes inneres Leben leben kann. Da wacht der Verlorene Sohn

26

eines Morgens auf, und das Leben kommt ihm plötzlich derart unerträglich vor, daß er zu seinem Vater geht, all seinen Mut zusammennimmt und stammelnd seine Forderung vorbringt: „Vater, ich will jetzt gleich meinen Anteil vom Erbe."

Achten Sie auf die eindrucksvolle Reaktion des Vaters. Er überschlägt sein Besitztum und übergibt seinem Sohn die Hälfte davon…, und so geht der jüngere Sohn…, freut sich…, gibt alles aus…, versucht, seine Leere zu füllen.

Zweite Denkpause:

Herr, verzeih mir die Zeiten, in denen ich alles in meiner Umgebung an mich gerissen und versucht habe, meine innere Leere mit äußeren Dingen zu füllen. Hilf mir, gründlicher über die Zeiten nachzudenken, in denen das in der Vergangenheit so war.

(Wenn ich das Gefühl habe, über dieses Thema so lange nachgedacht zu haben, wie es gut ist, kann ich weitermachen.)

3. Schritt

So geht der Verlorene Sohn von zu Hause fort auf der Suche nach einem Sinn in seinem Leben – jedoch vergeblich. Er erlebt noch mehr Isolation, Schmerzen und innere Leere.

Dritte Denkpause:

Herr, verzeih mir die Zeiten, in denen ich mich in Schmerzen und Verletzungen festgebissen hatte und nicht bereit war, entweder mir selbst zu verzeihen oder die Vergebung anzunehmen, die du mir anbotest... Aber der jüngere Sohn beginnt in sein Inneres zu schauen, und er merkt, daß es einen Ausweg aus seiner schmerzlichen Lage geben könnte... Statt immer nur in seiner äußeren Umgebung nach der Erleichterung und dem Sinn zu suchen, den er dringend für sein Leben braucht, fängt er an, gründlicher nach innen zu blicken... Er ruft sich die Zeiten in Erinnerung, in denen er das Gefühl hatte, daß ihm vergeben wurde...; zu denen sein Vater ihn in seinen Armen gehalten hat...; er denkt an all das, was sein Vater ihm schon gesagt hat..., und diese Erinnerungen helfen ihm zu erkennen, daß ihm vielleicht doch noch ein Rückweg offensteht..., wenn er zu dieser Quelle der Güte und Liebe in seinem Leben zurückkehren kann... Immer stärker kommt ihm der Gedanke, daß er vielleicht doch besser ist, als er gedacht hatte..., und so fängt er voller Furcht an, an eine Rückkehr in die Heimat zu denken...

Vierte Denkpause:

Herr, hilf mir, wieder Mut zu fassen, falls ich ihn verloren habe... Hilf mir zu erkennen und zu glauben: Wenn ich zur Quelle des Lebens zurückkehre, kann ich wieder Sinn und Hoffnung finden. Ohne es zu merken, tat der jüngere Sohn, als er wieder umkehrte, genau das, wonach sich sein Vater gesehnt und worum er gebetet hatte... Jeden Tag war der Vater auf den höchsten Hügel seines Anwesens hinaufgegangen und hatte Ausschau gehalten, ob nicht sein Sohn käme... Im Herzen des Vaters war nur ein Gedanke: „Ich möchte meinen Sohn wiederhaben"... Und dann, eines Tages, sieht der Vater plötzlich in der Ferne einen schwachen Umriß... Sie können sich vorstellen, welche Hoffnung und Liebe da in seinem Herzen aufbricht... Er läuft, so schnell ihn seine Beine tragen können, er erreicht die Stelle, an der sein Sohn die Straße entlangwandert... Er umarmt seinen Sohn, und der fällt auf die Knie, ist sich immer noch nicht sicher, ob der Vater ihm verzeihen wird, und sagt: „Vater, ich habe keine Rechte mehr bei dir. Ich komme, um dich um Verzeihung zu bitten"... Doch sobald der Verlorene Sohn aufschaut und in die Augen des Vaters sieht, erkennt er darin nur einen Ausdruck... Liebe, ... die unendliche Freude, seinen Sohn wiederzuhaben... Dem Verlorenen Sohn fällt es ziemlich schwer, diese Vergebung in sich zuzulassen... Aber wenn er spürt, wie in ihm die negativen Erinnerungen an seine Vergangenheit wieder hochkommen..., alle Erinnerungen an das, was er früher falsch gemacht hat..., dann erinnert er sich einfach wieder an den Anblick, wie sein Vater den Hügel herab ihm entgegenläuft ... und ihn fest umarmt... Diese Szene vergegenwärtigt er sich so oft, daß diese Erinnerung anfängt, seine Seele zu heilen...

Fünfte Denkpause:

Herr, auch ich fange an zu merken, wie du wohl in meiner Vergangenheit unter mir gelitten hast. Du hast mir alles verziehen, was ich in der Vergangenheit falsch gemacht habe... Vielleicht bin ich noch versucht, an einigen meiner früheren negativen Vorstellungen festzuhalten, aber ich bitte dich jetzt: Die Erinnerung daran, wie du mit offenen Armen auf mich zukommst, um mir zu verzeihen, soll auch anfangen, mich zu heilen; sie soll mich tief in meinem Herzen spüren lassen, daß mir vergeben ist. So verharre ich in dem Wissen, daß der Vater mich liebt und für mich sorgt. Damit beschließe ich meine Meditation.

Imaginationsübung

Die freudenreichen, schmerzensreichen und glorreichen Geheimnisse meines Lebens.

Wir alle tragen in uns eine Art Fotoalbum mit Schnappschüssen aus unserer Vergangenheit. Dabei handelt es sich um Erinnerungen, die uns geprägt haben. Öffnen Sie bei der folgenden Imaginationsübung dieses Fotoalbum und vergegenwärtigen Sie sich einige dieser Erinnerungen. Sie werden dazu etwas Zeit benötigen, aber nach und nach werden Ihnen tief vergrabene Erinnerungen wieder gegenwärtig. Durchleben Sie sie noch einmal in der Gegenwart Gottes.

1. Schritt:

Wenn Sie sich auf das Gebet eingestimmt haben, kehren Sie in der Erinnerung zu einer Begebenheit zurück, bei der Sie sich zutiefst geliebt, geschätzt und geborgen empfunden haben. Erinnern Sie sich genau an die Umstände, die beteiligten Menschen und die Gefühle, die Sie empfanden. Werden Sie sich bewußt, wie Gott dabei gegenwärtig war. Danken Sie Ihm für dieses Erlebnis; bitten Sie um Seinen Segen für alle, die seinerzeit bei Ihnen waren. Tragen Sie dieses Erlebnis auf einem der Blütenblätter der entsprechend bezeichneten Blume auf der nachstehenden Abbildung ein.

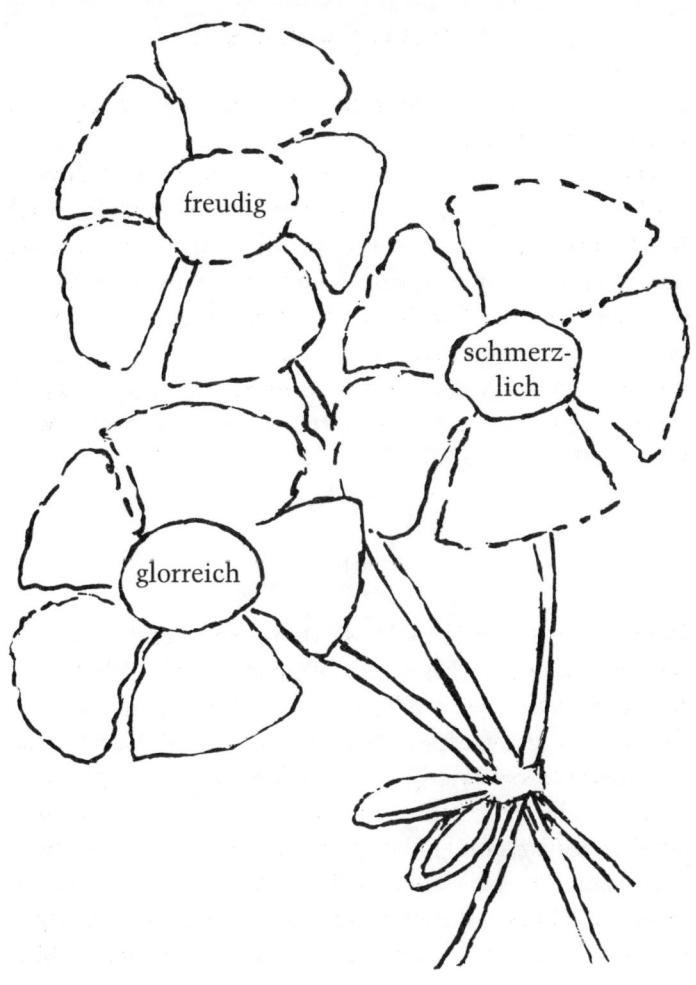

Die freudigen, schmerzlichen und glorreichen Erlebnisse in ihrem Leben:
Tragen Sie Ihre Erinnerungen in die Blütenblätter ein.

2. Schritt:

Rufen Sie sich eine Begebenheit in Erinnerung, bei der Sie Schmerz oder Bitterkeit empfunden haben, und erleben Sie diese Szene noch einmal deutlich nach. Versuchen Sie, auch darin die Gegenwart Gottes zu erkennen. Stellen Sie sich vor, daß Er dieses schmerzliche Erlebnis mit Ihnen trägt. Sprechen Sie mit Ihm. Fragen Sie Ihn, warum das geschehen mußte und welchen Sinn es für Sie haben könnte. Versuchen Sie, den Menschen zu verzeihen, die Ihnen Schmerz zugefügt haben, und beten Sie für sie. Schreiben Sie Ihre schmerzlichen Erinnerungen in die Blütenblätter der entsprechenden Blume.

3. Schritt:

Jetzt lassen Sie in Ihrer Vorstellung eine Begebenheit lebendig werden, die Ihnen Freude gemacht hat. Welche gute Neuigkeit haben Sie erfahren, oder welcher Wunsch ist für Sie in Erfüllung gegangen? Verweilen Sie bei dieser Szene. Danken Sie Gott und loben Sie Ihn dafür. Durchleben Sie diese Begebenheit in Ihrer Erinnerung noch einmal, und machen Sie sich möglichst deutlich bewußt, welche Rolle Gott bei all dem gespielt hat. Schreiben Sie ihre freudigen Erinnerungen in die Blütenblätter der entsprechenden Blume.

▪ 2 ▪

Das Herz der Stille

Wenn wir zu Christus kommen, versuchen wir eine Atmosphäre des Gebets zu schaffen. Aber was ist Gebet? Es wird unterschiedlich verstanden: als ein Erheben von Herz und Geist zu Gott oder einfach als ein Sprechen mit Gott oder auch als irgendeine Form des Einsseins mit Gott. Wie immer man es definiert, scheint das Gebet jedenfalls drei Elemente zu umfassen: Gott, den Menschen und die Beziehung beider zueinander.

Betrachten wir zunächst Gott und das, was wir von ihm wissen. Wer oder was ist Gott? Thomas von Aquin vertrat die Auffassung, das einzige Sichere, was man von Gott sagen könne, sei, daß wir Gott nicht kennen. Anthony de Mello sagte bei den ersten Exerzitien, die ich mit ihm erlebt habe, etwas ganz Ähnliches. Auf die Frage, wer Gott sei, antwortete er: „Ich weiß es nicht. Niemand weiß das." Wir haben uns sehr viele Bilder davon gemacht, wer oder was Gott sein könnte. Allerdings habe ich den Eindruck, daß viele dieser Bilder für unser Verhältnis zu Gott nicht hilfreich sind. Darum kann es sehr wichtig sein, daß wir viele dieser Bilder von Gott wieder „verlernen". Es ist dringend notwendig, Gott jenseits aller Worte und Bilder in der Tiefe jener Stille zu suchen, die es in unserem eigenen Inneren gibt. Während des ersten Teils der Exerzitien legte Anthony de Mello sehr großen Wert auf das Schweigen. Er versuchte, in seinen Zuhörern das Gespür für ihr eigenes innerstes Wesen zu wecken. Um genauer zu erklären, was er damit meinte, erzählte er meist eine Geschichte:

Eines Tages kam der Gouverneur einer Provinz in die Nähe des Ortes, wo ein weiser, heiliger Zenmeister lebte. Er besuchte den Meister und bat ihn schließlich, ihm mit einem Satz den Sinn der Religion zu erklären. Der Meister erwiderte: „Das geht noch besser, wenn ich ihn dir mit einem einzigen Wort erkläre. Der Sinn der Religion läßt sich mit dem Wort ‚Schweigen‘ zusammenfassen."

„Aber wie kann ich zum Schweigen kommen?" fragte der Gouverneur weiter.

„Durch Meditation", lautete die Antwort.

„Und was ist Meditation?" entgegnete der Gouverneur.

„Schweigen", sagte der Zenmeister.

In seinen Seminaren versuchte Anthony de Mello nur selten, Gott zu beschreiben. Vielmehr sagte er immer wieder, daß der Versuch einer Beschreibung Gottes seinen Zuhörern eher schaden als nützen könnte. Er ermutigte uns nur, einfach „vor Gott zu sein". Damit meinte er, daß wir uns einfach schweigend in Gottes Gegenwart begeben und nichts als mit Ihm sein sollten. Für Anthony beruhte also das Gebet sozusagen auf der Unbegreiflichkeit Gottes.

Vielleicht ist es hilfreich, sich in diesem Zusammenhang einen Menschen vorzustellen, der blind geboren wurde. Ein solcher Mensch könnte einen anderen, der sehen kann, bitten, ihm zu erklären, was „Farbe" ist. Aber wie sollte man das einem Blindgeborenen erklären? Es hilft nicht viel, ihn aufzufordern, sich das Kristallblau eines Sees vorzustellen, oder sich im Geist auszumalen, wie harmonisch die Farben einer Landschaft zusammenpassen.

Genauso ist es bei Menschen, wenn sie mit Worten den Gott zu beschreiben versuchen, mit dem sie Kontakt aufnehmen möchten. Sie stellen sich damit eine unerfüllbare Aufgabe, und vielleicht eine Aufgabe, die bei der Begegnung mit Gott nicht hilfreich ist. Gott ist jenseits unseres beschränkten menschlichen Geistes.

Anthony hat es während dieser ersten Exerzitien in Irland so formuliert: „Wir können Gott nicht erkennen, aber wir können ihn spüren." Denken Sie an die Jünger auf dem Weg nach Emmaus. Sie erkannten Jesus zwar nicht, aber sie spürten, daß mit diesem vermeintlichen Fremdling etwas Entscheidendes in ihr Leben getreten war. Anthony konfrontierte uns sehr hart mit dieser Tatsache. Er sagte: „Der Messias kam, aber seine eigenen Jünger versagten darin, ihn zu erkennen." Gerade besonders „fromme" Menschen laufen Gefahr, Jesus zu übersehen, wenn er in ihr Leben kommt. Wenn wir die Religion gewissermaßen in zu hohen Dosen zu uns genommen haben, kann es dazu kommen, daß wir Gott gar nicht mehr bemerken, wenn er uns tatsächlich begegnet. Wir suchen unseren Gott in der Heiligen Schrift, in Büchern, bei Exerzitien und an allen möglichen anderen Orten, und in Wirklichkeit ist er die ganze Zeit um uns. Um dies zu veranschaulichen, zitierte Anthony gern eine Zeile des Dichters Kabil: „Ich lachte, als sie mir sagten, der Fisch im Wasser habe Durst." Vielleicht haben auch wir Gott schon an unzähligen Orten gesucht, Ihn jedoch in unserem eigenen Herzen verloren?

An diesem Punkt der Exerzitien, an denen ich in Irland teilnahm, brachte Anthony de Mello einen ganz neuen Aspekt ins Spiel. Zunächst erläuterte er uns, der heilige Paulus habe sich auf seine Begegnung mit Gott dadurch vorbereitet – oder er wurde dadurch vorbereitet –, daß er ausgerechnet die Anhänger dessen verfolgte, dem er schließlich folgen sollte. Daher könnte merkwürdigerweise vielleicht die beste Vorbereitung darauf, Gott zu begegnen oder ihn zu finden, darin bestehen, daß wir immer deutlicher erkennen: Wir sind Sünder. „Wo die Sünde mächtig wurde, da ist die Gnade übergroß geworden" (Römer 5, 20). Anders gesagt: Es könnte durchaus sein, daß sündige Menschen, oder jedenfalls Menschen, die wissen, daß sie Sünder sind, ein größeres Bedürfnis nach Gott haben als diejenigen, die meinen, sie seien würdige Nachfolger Christi.

Wie können wir es schaffen, daß wir uns der Anwesenheit Gottes in unserem Leben bewußter werden? Eine Hilfe könnte sein, daß wir in ständiger Achtsamkeit leben. Um eine genauere Vorstellung davon zu bekommen, was das bedeutet, erinnern Sie sich vielleicht daran, wie Sie einmal im Ausland auf Reisen waren und einige Zeit ganz allein verbringen mußten. Vielleicht sind Sie einmal allein bei Nacht mit dem Zug durch eine unsichere Gegend gefahren. Erinnern Sie sich, welche Mühe Sie sich gegeben haben, wach zu bleiben und Ihr Gepäck im Auge zu behalten, und vor allem Ihren Paß und Ihr Geld. Es verging kein Augenblick, in dem Sie nicht hellwach und auf dem Sprung waren. Sie wußten, daß Sie es sich nicht leisten konnten, Ihre Papiere zu verlieren, und so schafften Sie es, trotz Ihrer Übermüdung Ihre Augen offen zu behalten. Wenn Sie eine solche oder ähnliche Situation schon einmal erlebt haben, wissen Sie, wie Sie ständig umhergeschaut haben und ganz konzentriert waren, immer darauf gefaßt, verdächtige Menschen näherkommen zu sehen. Wenn wir Gott begegnen wollen, geht es darum, daß wir uns um ein ähnliches Maß an Achtsamkeit bemühen, also ständig auf dem Sprung bleiben, um die Zeichen des Geistes Gottes in unserem Alltagsleben zu erkennen.

Übung zur Schärfung der Achtsamkeit

Stimmen Sie sich auf die oben beschriebene Weise auf das Gebet ein. Dann konzentrieren Sie sich auf die schwächsten Empfindungen und Geräusche aus Ihrer Umgebung. Fühlen sie, wie Ihr Atem durch Ihre Nasenlöcher streicht. Konzentrieren Sie sich auf bestimmte einzelne Körperstellen. Als Anthony mit uns diese Übung durchführte, bat er uns, uns auf eine ganz kleine Stelle von ungefähr der Größe einer Briefmarke mitten auf unserer Stirn zu konzentrieren. Versuchen Sie, genau auf jede Empfindung an dieser Stelle zu achten. Konzentrieren Sie sich eine Zeit lang ganz auf Ihren Atem, und spüren Sie jedem Zug des Ein- und Ausatmens aufmerksam nach. Dies ist besonders dann hilfreich, wenn Sie immer wieder durch Ihre Gedanken abgelenkt werden.

Anmerkung: Am Ende dieser Übung erklärten seinerzeit einige Teilnehmer, ihnen sei dies alles sehr schwergefallen. Ich weiß aus eigener Erfahrung, daß ich unendlich lange an dieser kleinen Stelle auf meiner Stirn kaum etwas oder überhaupt nichts bewußt spüren konnte. Manche gaben auch zu, während dieser Übung das Gefühl gehabt zu haben, sich zu etwas zu zwingen. Anthony sagte ihnen, sie sollten sich deshalb keine Sorgen machen. Er riet ihnen: Macht einfach gewissenhaft diese Übung weiter, und das Ergebnis wird sich mit der Zeit einstellen. Ich gebe diesen gleichen Rat an Sie weiter, und ich bin sicher, im Laufe der Zeit werden Sie feststellen, daß Anthony de Mello damit recht hatte. Bleiben Sie eine Zeit lang bei dieser Übung, und versuchen Sie nichts zu erzwingen. Um jeden Preis zu einem Ergebnis kommen zu wollen hilft überhaupt nichts. Es ist besser, ein Hindernis zu umgehen, als es frontal anzugehen. Halten Sie bei der Sitzung Ihr eigenes Tempo ein, und wenn Sie die Übung sehr schwierig finden, versuchen Sie herauszufinden, ob sich etwas in Ihnen dagegen sperrt. Fragen Sie sich: „Was genau läßt mich so angespannt sein?" Dadurch gelangen Sie vielleicht zu einer Einsicht. Wenn Sie spüren, was vor sich geht, verschwindet das Problem vielleicht ohne Ihr Zutun ganz von allein.

3

Die Voraussetzungen schaffen
für eine innerliche Veränderung

Bei seinen Exerzitien betonte Anthony de Mello immer wieder, daß jede gute Therapie auf der Achtsamkeit aufbaut. Er bat uns, uns an Augenblicke zu erinnern, in denen uns plötzlich etwas aufging; Augenblicke also, in denen sich einige Elemente unseres Lebens, die wir bislang als rätselhafte, schmerzliche Bruchstücke empfunden hatten, mit einem Schlag zu einem Gesamtbild zusammenfügten. In solchen Augenblicken kann sich in uns ein grundlegender Wandel vollziehen. Anthony war der Meinung, entweder änderten wir uns unmittelbar in dem Augenblick, wo uns etwas Derartiges aufging, oder wir änderten uns wahrscheinlich überhaupt nicht. Er wies darauf hin, daß dieses Achten darauf, ob sich in uns eine Veränderung vollzieht, wesentlich ist für jede Besinnungszeit, die auf den Geistlichen Übungen des heiligen Ignatius von Loyola basiert. Um etwas deutlicher zu machen, was das bedeutet, erinnerte uns Anthony an den Film *Goodbye, Mister Chips.* Darin reist ein Schulmeister, völlig ausgepumpt und in einer chaotischen Schulklasse nicht mehr Herr der Lage, in seine Sommerferien ab. In diesen Ferien verliebt er sich und erlebt zum ersten Mal in seinem Leben, daß er selbst von Herzen geliebt wird. Das wird für ihn zum entscheidenden Erlebnis, das sein Leben auf den Kopf stellt. Als er nach den Sommerferien wieder zu seiner Klasse zurückkehrt, merken die Schüler, daß sich etwas verändert hat. Dabei hat ihnen niemand etwas erzählt, und sogar der Lehrer selbst hat noch gar nicht richtig begriffen, was passiert ist.

Wenn wir diese Art dramatischer Veränderung erreichen wollen, müssen wir ins Jetzt kommen. Anthony erklärte uns, daß viele Menschen nur zehn Prozent ihres tatsächlichen Potentials aktivieren und zu 99 Prozent der Zeit überhaupt nicht im Hier und Jetzt leben und handeln. Entweder wir leben in der Vergangenheit und geben uns allen möglichen alten Erinnerungen und Tagträumen hin, oder wir konzentrieren uns auf die Zukunft und auf alle möglichen Pläne, die wir gern verwirklichen würden. Dabei lassen wir Wünschen Raum, von denen wir hoffen, daß sie irgendwie von allein wahr werden. Daher mahnte uns Anthony immer wieder, „ins Jetzt zu kommen". Er bat uns: Freundet euch mit dem gegenwärtigen Augenblick an. Werdet euch der Erfahrung bewußt, die ihr eben gerade macht; fühlt die Atmosphäre des gegenwärtigen Augenblicks; nehmt ganz intensiv die Empfindungen auf, die er euch schenkt. Er machte uns deutlich, daß wir bei unserer heutigen Lebensweise dazu neigen, an Ideen und Analysen hängenzubleiben; darum stoßen wir nur selten bis zu dem vor, was hier und jetzt tief in unserem Inneren vorgeht.

In den Imaginationsübungen und Evangelienmeditationen, die Anthony mit uns durchführte, versuchte er uns Möglichkeiten zu schaffen, ganz einfach „mit unserem Gott zu sein", oder die Möglichkeit zu eröffnen, daß dieser Gott mit uns sein konnte. Dazu war es nötig, unsere eingefahrenen Denkmuster zu durchbrechen.

Vielleicht ist es an dieser Stelle hilfreich, genauer zu sagen, was mit *Evangelienmeditationen* und *Imaginationsübungen* gemeint ist. Die Meditation läßt sich wohl am besten mit einem einfachen Wort erklären, nämlich: Meditation ist „Sein". Bei der Meditation geht es darum, zu lernen, einfach im gegenwärtigen Augenblick zu sein und uns dabei von nichts ablenken zu lassen; also unserem Geist und unseren Gefühlen gegenüber so frei zu werden, daß sie uns nicht mehr beherrschen können. Ist man schließlich so achtsam wie nur möglich, dann ist man im Meditationszustand des „Seins". Bei der Meditation geht es grundsätzlich um das „Sein" und nicht um das „Tun". Der Begriff „Meditation" selbst kommt vom lateinischen Wort *meditari*, was „häufiges Nachsinnen" bedeutet. Der Begriff läßt ganz offen, worüber man nachsinnt; wichtiger ist der Aspekt des „Häufigen", also der Regelmäßigkeit, mit der man sich einer bestimmten Sache widmet, die nicht weiter festgelegt ist. Die Zen-Buddhisten beschrieben dieses regelmäßige Üben als „einfach sitzen" oder „stillsitzen und nicht handeln". Bei der Meditation geht es jedoch nicht einfach darum, nichts zu tun. Stellen Sie sich das Meditieren eher als eine Zeit vor, die Sie Gott widmen. Es ist eine Zeit, in der Er Sie durchaus mit der Fähigkeit beschenken kann, klarer zu durchschauen, was in Ihrem Inneren vorgeht, in Ihrem Geist, Ihren Gefühlen, Ihrem Körper, Ihrem Herzen. Es gibt unzählige Bücher, in denen beschrieben wird, welche vorteilhaften Wirkungen diese Übung haben kann. Als gläubiger Mensch werden Sie sich vielleicht deutlicher dessen bewußt, was der Lebendige Gott alles in Ihrem Leben bewirkt. Mit diesem deutlicheren Wissen verstärken sich vielleicht Ihre Gefühle des inneren Friedens, der Zuversicht und des Selbstwerts. Darüber hinaus festigt sich vielleicht Ihre innere Unabhängigkeit, wird Ihre Selbstdisziplin größer und sind Sie bewußter Sie selbst. Manche Teilnehmer an Meditationswochenenden oder Seminaren berichteten auch, daß ihre Einstellung zu den schmerzlichen Aspekten ihres Lebens sich veränderte.

Betrachten wir einen Augenblick lang die *Imaginationsübungen*, zu denen uns Anthony de Mello angeleitet hat. Bei ihnen fällt auf, daß wir uns so gut wie immer in der Gegenwartsform in eine bestimmte Lage versetzen sollen; das heißt also, wir sollten so in der Gegenwart sein, als geschehe das Betreffende hier und jetzt. Das hilft uns zu erkennen, daß es sich bei dieser Imagination nicht einfach um etwas Phantasiertes handelt, sondern um einen wichtigen Ausdruck unserer selbst und unserer Lebenssituation. Wenn wir die Imagination anschließend jemand anderem erzählen, kommen uns vielleicht wichtige Einzelheiten, die uns während der Übung selbst gar nicht richtig aufgefallen waren. Auch unser Zuhörer stellt vielleicht noch wichtige Dinge fest, die wir selbst gar nicht bemerkt oder übersehen hatten. So können uns diese Imaginationsübungen einen Raum eröffnen, in dem wir Aspekte unseres Lebens in den Blick nehmen, die wir anders gar nicht genauer betrachten könnten oder wollten.

Anthony erzählte uns von einer buddhistischen Meditationszeit, an der er teilgenommen hatte. Der Meditationsmeister verbrachte dabei bis zu zehn Stunden am Stück mit der Gruppe und leitete sie zu nichts anderem an, als genau auf ihren Atem zu achten und den Luftstrom zu erspüren, der durch ihre Nasenlöcher aus- und einfloß. Er wies die Teilnehmer an, auf das Volumen der Luft zu achten, die in ihren Körper einströmte und ihn wieder verließ, auf die Wärme oder Kühle der Luft, auf die Rauheit oder Sanftheit jedes Atemzugs, den sie machten, und darauf, ob er flach oder tief sei. Während dieser Übung – so berichtete Anthony weiter – hätten viele Teilnehmer geäußert, sie empfänden große Langeweile oder Schwierigkeiten, und manche stellten sogar den Wert der Übung in Frage. Anthony wollte uns auf diese Weise ebenfalls zum Durchhalten ermutigen. Er erzählte, daß er aus eigener Erfahrung herausgefunden hatte, daß die Übung ihm umso wertvoller erschienen sei, je mehr Zeit er darauf verwendet habe. Während dieser Übung, so erklärte er, „kehrt man sozusagen zu sich selbst zurück. Das ist, als wenn man ein großes Einmachglas mit trübem Wasser und kleinen Fischen darin hat, die man wegen der Verschmutzung des Wassers kaum erkennen kann. Läßt man das Wasser still und gibt den Schwebeteilchen Zeit, sich zu setzen, so wird die Flüssigkeit klar, und allmählich erkennt man auch das Leben, das sich darin regt. Diese Art von Klarheit oder Stille in uns kann allerdings auch beängstigend wirken, aber sie ermöglicht es, daß das wirklich Wichtige in uns ans Licht kommt. So gehen uns in dieser Stille wichtige bewußte und unbewußte Aspekte unseres Lebens auf, und vielleicht haben wir sogar ein „Heureka!"-Erlebnis über uns selbst. Wir erlauben uns selbst, auf unsere letzten paar Lebensmonate zurückzublicken und dabei zu entdecken, welche Erfahrungen für uns wertvoll waren und wo wir mit etwas wirklich Fruchtbarem zu tun hatten.

Um uns das noch eindringlicher vor Augen zu führen, erzählte uns Anthony von einem japanischen General, der ins Gefängnis geworfen wurde. Natürlich hatte er Angst und war in ständiger Sorge, was seine Feinde ihm antun würden. Seine Befürchtungen waren so groß, daß er die ganze Nacht kein Auge zutun konnte. Doch ohne Vorwarnung kamen ihm in seiner Angst plötzlich die Worte seines Zenmeisters in den Sinn: „Morgen ist nicht wirklich. Das einzig Wirkliche ist die Gegenwart." Als der japanische General diesen Gedanken in sich zuließ, konnte er schon nach kurzer Zeit einschlafen. Die Zukunft hatte ihre Zwangsherrschaft über ihn verloren. Er wurde fähig, ganz und gar in der Gegenwart zu „sein". Viele von uns verbringen lange Zeitabschnitte ihres Lebens damit, zu bedauern, was ihnen alles schon Schlimmes passiert ist, oder sie machen sich unnütze Sorgen über mögliche Katastrophen, die in der Zukunft über sie hereinbrechen könnten, also über Dinge, auf die wir ohnehin wenig oder gar keinen Einfluß haben.

Imaginationsübung
Sich selbst annehmen

Fangen Sie damit an, daß Sie die Augen schließen und auf Ihren Atem achten. Ändern Sie nicht Ihre Atemweise. Werden Sie sich ihrer nur bewußt. Wenn Ihr sanftes Atmen Sie allmählich entspannt, stellen Sie sich lebhaft jemanden aus Ihrer Kindheit vor, der für sie wichtig war und Sie sehr gemocht hat. Vielleicht konzentrieren Sie sich auf Ihre Mutter oder Ihren Vater oder vielleicht auf Ihre Großmutter, die Sie sehr mochten. Versetzen Sie die betreffende Person in die Umgebung, in der sie am liebsten war, und lassen Sie sie ihre typische Kleidung tragen. Wenn sie Ihnen plastisch vor Augen steht, lassen Sie sie sagen, was sie an Ihnen ganz besonders mag. Bleiben Sie bei dieser Szene eine Minute oder länger. Jetzt stellen Sie sich lebhaft einen Bekannten aus der Gegenwart vor, und lassen Sie auch diese Person sagen, was sie an Ihnen besonders anziehend findet. Das kann irgendeine Ihrer Charaktereigenschaften sein oder irgendeine Eigenart, die Sie haben, oder ein besonders attraktiver Zug an Ihnen. Ja, es kann sogar ein physisches Merkmal sein; lassen Sie einfach die betreffende Person sagen, was sie selbst sagen will. Jetzt stellen Sie sich vor, daß Christus vor Ihnen steht. Tun Sie das auf die Art, wie Ihnen das am hilfreichsten erscheint. Lassen Sie Christus freundlich sprechen, und nehmen Sie an, was Er Ihnen über ihre Vorzüge sagen will. Dann verabschieden Sie sich ganz sachte von Ihm und kommen wieder in die Gegenwart zurück. Danken Sie Ihm für die Zeit, die Sie mit Ihm verbringen durften. Wenn Sie sich bereit fühlen, öffnen Sie die Augen.

Anmerkung: Sie tun während dieser Imaginationsübung folgendes: Sie schenken sich selbst die Liebe und Selbstachtung, die Sie brauchen und wollen. Indem Sie das tun, werden Sie sich deutlicher dessen bewußt, was der Geist Gottes in Ihnen bewirkt. Sie werden innerlich gesund, weil Sie unter dem Einfluß der positiven Botschaften stehen, die diese Imaginationsübung enthält, statt vorwiegend negativen Botschaften ausgesetzt zu sein.

Zweite Imaginationsübung
Ihr Lieblingsplatz

Mit dieser Art Imaginationsübung habe ich wiederholt sehr gute Erfahrungen gemacht. Wichtig ist, daß man sich zur Vorbereitung auf diese Übung genügend Zeit für eine Atemmeditation oder eine Achtsamkeitsübung nimmt, bei der man genau auf den Körper oder auf die umgebenden Geräusche hört.

Setzen Sie sich bequem hin. Versuchen Sie still zu werden und alle Geräusche wahrzunehmen, die Sie von außerhalb des Raums hören können. Vielleicht hören Sie den Verkehr von draußen, oder wie der Wind weht, oder vielleicht gehen draußen Leute vorbei, die Sie hören, oder Sie hören sogar – wenn es ganz still ist – einen Vogel singen. Horchen Sie sorgfältig darauf. Jetzt richten Sie Ihre Aufmerksamkeit auf den Raum, in dem Sie sich befinden, und schließen Sie alle äußeren Geräusche aus. Horchen Sie auf alle Geräusche, die Sie innerhalb des Raums hören können. Werden Sie ganz still. Achten Sie nur auf all die Geräusche, die im Raum zu hören sind. Als nächstes richten Sie Ihre Aufmerksamkeit auf Ihr Inneres. Versuchen Sie jedes Geräusch in Ihrem eigenen Inneren wahrzunehmen. Vielleicht gelingt es Ihnen zu hören, wie Ihr Atem durch Ihre Nase streicht, oder Sie können sogar Ihren Herzschlag hören. Achten Sie ganz auf Ihr Inneres, und werden Sie immer noch stiller und ruhiger.

Stellen Sie sich jetzt vor, daß Sie über ein Feld gehen, das Sie kennen und sich innerlich lebhaft vor Augen halten können. Es ist ein angenehm warmer Tag. Sie sind ganz allein, aber Sie fühlen sich dabei wohl. Während Sie so über das Feld gehen, wissen Sie, daß an seinem Ende ein Fluß vorbeifließt. Sie hören die Vögel singen, und wie Sie so dahinschlendern, sind Sie froh und entspannt. Jetzt kommen Sie ans Ufer des Flusses, und Sie gehen langsam am Rand des Wassers entlang. Hören Sie, wie das Wasser bei seinem friedlichen Dahinfließen leise plätschert und vielleicht über kleine Steine oder durch Schilfgras gleitet. Genießen Sie einfach diese Erfahrung. Während Sie so friedlich weitergehen, sehen Sie die verschwommenen Umrisse von jemandem, der in der Ferne mitten im Fluß steht. Sie gehen weiter, und ab einem bestimmten Punkt erkennen Sie, daß es Jesus ist.

Wenn Sie am Fluß auf die Höhe der Stelle kommen, an der Jesus steht, sehen Sie, daß Er Ihnen zuwinkt. Er fordert Sie auf, zu Ihm herzukommen. Sie ziehen Schuhe und Strümpfe aus und merken, daß das Wasser nicht besonders tief ist. So fangen Sie an, auf Ihn zuzugehen. Das Wasser reicht Ihnen bis an die Knöchel, dann bis an die Knie, und immer noch winkt Er Ihnen zu. Als Sie Ihn schließlich erreichen, hält Er Sie an beiden Händen, schaut Ihnen in die Augen und sagt: „Habe nie Angst, zu mir hin zu kommen. Dann führt Er Sie behutsam ans ferne andere Ufer hinüber, und Sie setzen sich nebeneinander an die grasbewachsene Böschung. Sie sehen beide dem vorbeifließenden Wasser zu, und Sie fangen an, Jesus von Ihrem Leben zu erzählen, und wie es Ihnen die letzten Monate gegangen ist. Sie besprechen mit Ihm das, was Ihnen in dieser Zeit Sorgen oder Angst bereitet oder was Sie traurig gemacht hat, was Sie enttäuscht hat oder hat wütend werden lassen. Während sie Jesus alle diese Gefühle oder Begebenheiten erzählen, beginnen Sie zu spüren, wie der Schmerz und die Sorgen von Ihnen weg- und den Fluß hinunterfließen. Lassen Sie sich für diesen Aufenthalt Zeit. Seien Sie einfach mit Jesus. Erinnern Sie sich an die einzelnen Ereignisse. Empfinden Sie deutlich, wie die Sorgen wegfließen.

Wenn Sie dann allmählich das Gefühl haben, daß Sie viele von Ihren Sorgen losgeworden sind und jetzt viel freier sind, versuchen Sie sich auf das zu konzentrieren, was Sie sich für sich selbst wünschen – etwa inneren Frieden, Liebe, Glück. Fühlen Sie, wie es den Fluß herunter auf Sie zu- und in Sie hineinfließt. Nach einiger Zeit hören Sie, wie Jesus anfängt, Ihnen wieder etwas zu sagen. Er sagt Ihnen etwas ganz Besonderes über Sie selbst. Das ist einzig und allein für Sie persönlich. Achten Sie also ganz besonders auf diesen Augenblick, und hören Sie genau, was Er Ihnen zu sagen hat. Jetzt führt Jesus Sie durch den Fluß zurück und verabschiedet sich von Ihnen. Sie schauen Ihm zu, wie er sich langsam entfernt. Sie ziehen langsam wieder Ihre Strümpfe und Schuhe an. Sie lassen sich Zeit dafür, und dann wandern Sie wieder am Ufer entlang zurück. Sie gehen durch Ihr vertrautes Feld, tragen Ihre Erinnerungen mit sich und kommen wieder hierher zurück, in diesen Raum zu dieser Zeit. Achten Sie jetzt wieder auf alle Geräusche in Ihrem eigenen Inneren, und werden Sie sich ihrer bewußt. Dann weiten Sie Ihre Achtsamkeit aus auf alle Geräusche, die Sie im Raum wahrnehmen können. Jetzt lassen Sie Ihre Aufmerksamkeit über den Raum hinausgreifen, und achten Sie wieder auf alle Geräusche außerhalb des Raumes, die vielleicht der Verkehr verursacht oder andere Menschen oder Vögel. Nehmen Sie sich die Zeit, die Sie dazu brauchen, bis Sie sich dann schließlich sachte recken und die Augen aufschlagen und sich wieder an das Tageslicht gewöhnen.

Imaginationsübung mit der Heiligen Schrift
Begegnung mit dem jungen Jesus

Beginnen Sie diese Übung mit einer der vorbereitenden Übungen. Stellen Sie sich sich selbst im Alter von ungefähr zwölf Jahren vor. Sie sind mit dem jungen Jesus befreundet, der ebenfalls in diesem Alter ist. Stellen Sie sich die Szene, wie Sie zusammen sind, möglichst lebhaft vor. Es ist ein friedlicher Morgen, und der junge Jesus und Sie erledigen für Ihre Mütter Besorgungen. Gerade haben Sie beide den Auftrag erhalten, am Brunnen Wasser zu holen. Sie sind dorthin unterwegs, und der junge Jesus legt einen Arm um Sie. Spüren Sie die Nähe, die Sie miteinander verbindet. Er mag etwas in Ihnen, dessen Sie sich gar nicht richtig bewußt sind. Spüren Sie, wie sehr Er Ihnen zugetan ist. Er versteht Sie besser als Sie sich selbst verstehen. Er kennt Ihre Kindheit und weiß, wie Sie aufgewachsen sind. Er fängt an, Begebenheiten aus Ihrer Kindheit zu erklären.

Er zeigt Ihnen den Sinn vieler Ereignisse auf, die Sie vorher vielleicht noch gar nicht richtig verstanden hatten.

Begleiten Sie jetzt den jungen Jesus auf Seinem Weg zu sich nach Hause. Dort treffen Sie Maria und setzen sich bei ihr nieder. Sie läßt Sie spüren, wie sehr sie sowohl Jesus als auch Sie mag. Sie erzählen ihr, was Sie im Kopf und Herzen tragen. Maria interessiert sich sehr dafür. Sie behandelt Sie wie ihren eigenen Sohn und ist sehr liebevoll und freundlich mit Ihnen. Wenn Sie das Gefühl haben, möglichst viel aus dieser Übung gewonnen zu haben, sprechen Sie ein Dankgebet an Jesus und Maria für die Zeit, die Sie mit ihnen verbringen durften.

4

Bejaht zu werden baut auf

Anthony de Mello wies bei seinen Exerzitien bei uns immer wieder darauf hin, wie wichtig es ist, ein positives Bild seiner selbst zu haben und an sich selbst zu glauben. Er sagte, in dieser Hinsicht könnte jede noch so beiläufige Äußerung von Lehrern, Eltern oder Freunden von entscheidender Bedeutung für uns sein, vor allem, wenn es sich um hilfreiche oder ermutigende Bemerkungen handle. Die Art, wie in unserer Jugend unser Selbstbild und der Glaube an uns selbst aufgebaut worden sind, kann in unserem späteren Leben auch stark unser Gottesbild beeinflussen. Um dies zu veranschaulichen, erzählte uns Anthony von einem Versuch, den der bekannte Psychologe Rosenthal in einer Schule durchgeführt hatte. Rosenthal ging gegen Ende eines Schuljahres mit seinem Team in einige Klassen. Er berichtete den Lehrern von erstaunlichen neuen Versuchen, die erwiesen hätten, daß in den Klassenzimmern von heute immer öfter ein neuer Typus von Schülern sitze. Er bezeichnete diesen neuen Schülertyp als die „Sprinter", die besonders Schnellen. Nach einer Analyse der Klassen händigte er jedem Lehrer eine Liste der „Sprinter" in seiner Klasse aus und bat sie, ab Beginn des neuen Schuljahrs im Herbst auf diese Schüler ein ganz besonderes Auge zu haben. Die Lehrer sollten aber auf keinen Fall den Schülern selbst etwas über diesen Versuch erzählen. In Wirklichkeit war das Ganze von Rosenthal frei erfunden. Niemand aus seinem Team hatte besondere „Sprinter" unter den Schülern ausgemacht; aber das wußten die Lehrer nicht. Rosenthal und sein Team hatten in ihre Listen ganz willkürlich eine Reihe von Schülernamen gesetzt und diese dann den Lehrern ausgehändigt. Ein Jahr danach kam das Team wieder an die Schule und führte IQ-Tests durch. Sie stellten fest, daß sich alle diejenigen Schüler, die ihren Lehrern als „Sprinter" angegeben worden waren, beachtlich verbessert hatten. Als die Lehrer befragt wurden, welchen Eindruck sie im Laufe des Schuljahrs von den „Sprintern" gehabt hätten, verwendeten diese vorwiegend Ausdrücke wie „aufgeschlossen", „aktiv", „lernbegierig". Die Lehrer hatten diesen „besonderen" Kindern gegenüber besonders hohe Erwartungen gehegt, hatten ihnen öfter als den anderen Fragen gestellt, und weil sie selbst die „Sprinter" für ganz besonders gute Schüler gehalten hatten, hatte sich diese Überzeugung irgendwie auch auf die Kinder selbst übertragen. Das Zusammenspiel von hohen Erwartungen, die von außen an sie herangetragen wurden, mit ihrem eigenen starken Selbstvertrauen hatte eine deutliche Verbesserung der Schulleistungen bewirkt.

Das gleiche kann auch zwischen uns und Gott geschehen. Wenn wir wirklich glauben, daß er uns liebt und daß wir tatsächlich liebenswert sind, kann dies bei uns genauso erstaunliche Wirkungen zeitigen. Anthony de Mello betonte immer wieder, daß die meisten Menschen auf der Welt nur ungefähr 10 Prozent des in ihnen steckenden Potentials aktivieren. Als ich das zum ersten Mal hörte, war ich erschrocken. Aus welchem Grund sollten wir fast alle so weit hinter unseren Möglichkeiten zurückbleiben? Vielleicht sind dabei auch Schuldgefühle im Spiel.

Ich habe seit Jahren mit Abschlußschülern zu tun und veranstaltete für sie Schulabschluß-Exerzitien. Bei diesen Exerzitien bin ich immer wieder erschüttert davon, wie sehr viele Schüler von irgendwelchen Schuldgefühlen ausgebremst werden. Es handelt sich oft um Schüler, die in Wirklichkeit liebenswerte und intelligente Menschen sind, mit einem hellwachen Geist, quicklebendig und beim Arbeiten sehr gewissenhaft. Aber sie selbst sehen sich nicht so. Fragt man sie, welches Bild von Gott sie haben, so wird deutlich, daß sie sich Gott nicht als einen Gott der Liebe vorstellen, also als einen Gott, der nichts zurückbezahlt haben möchte. Ihr Gottesbild erinnert mich immer wieder an das Bild, das Pater Gerry Hughes SJ in seinem Buch *God of Surprises* beschrieben hat: Gott als „guter alter Onkel George". Hughes erzählt in diesem Buch die Geschichte von zwei Kindern, die von ihren Eltern am Sonntagnachmittag auf einen Besuch zu ihrem reichen alten Onkel George mitgenommen werden. Dieser Herr lebt in einem großen Schloß hoch auf einem Berg, und er empfängt die Kinder in seinem Wohnzimmer. Dort sitzt der alte strenge Mann mit seinem langen, weißen Bart. Er macht sich daran, den Kindern den Keller seines Schlosses zu zeigen. Dort führt er sie durch einen düsteren schmalen Gang, der zu beiden Seiten von stahlbeschlagenen Türen eingesäumt ist. Er reißt die einzelnen Türen auf, aus denen hohe Flammen herausschlagen, und man sieht dahinter jämmerliche Gestalten, die sich in Todesqualen im Feuer winden. Um das ganze noch schlimmer zu machen, packt Onkel George eine lange Gabel und schiebt damit die Gestalten tiefer in die Glut zurück, damit sie ja nicht herauskommen. Dann führt er die Kinder wieder die Treppe nach oben zu ihren Eltern und sagt zu ihnen: „Wehe, ihr liebt mich nicht! Kommt ja jeden Sonntag zu mir, um mir die Ehre zu erweisen! Sonst geht es euch einmal genauso wie all denen, die ihr da unten gesehen habt."

Damit ist der Besuch bei Onkel George zu Ende, und die Eltern bringen die beiden entsetzten Kinder wieder nach Hause. Unterwegs ermahnen die Eltern ihre Kinder noch einmal, Onkel George immer gern zu haben und zu besuchen. Die Kinder versprechen ihnen das hoch und heilig. Insgeheim jedoch verabscheuen sie ihn.

So ähnlich kann es auch bei uns sein. Unsere Angst und Selbstverachtung kann in eine Angst vor Gott, in eine Verachtung Gottes umschlagen, die man in seinem späteren Leben nur sehr schwer wieder ausgleichen kann. Dann haben Schuldgefühle die Oberhand gewonnen. Die Liebe – sowohl die Liebe unserer selbst wie die Liebe zu Gott – ist auf der Strecke geblieben. Anthony de Mello legte daher großen Wert darauf, daß wir uns der Wahrheit stellen: der Wahrheit, welches Bild wir von uns selbst und welche Vorstellung wir von Gott haben. Viele Menschen haben zu große Angst, um Gott genau zu sagen, was sie von Ihm halten. Aber der einzige Weg, davon freizukommen, besteht darin, der Wahrheit offen ins Auge zu blicken. Sagen Sie Gott klipp und klar, was Sie Ihm gegenüber gelegentlich empfinden. Er weiß es ohnehin. Wenn wir Ihm das im Gebet sagen, kann dies für uns zu einer befreienden Erfahrung werden. Die Wahrheit kann uns tatsächlich aus unseren Schuldgefühlen lösen. Anthony erzählte uns, als er für die jungen Jesuitenschüler zuständig gewesen sei, habe er gelegentlich festgestellt, daß ihr Gottesbild ganz ähnlich wie das gerade beschriebene ausgesehen habe. Um dem etwas Wirksames entgegenzustellen, beschrieb er eine Übung, die viele seiner Schüler als hilfreich empfanden. Er bat den betreffenden Menschen, sich während des Gebets lebhaft einen leeren Stuhl vorzustellen. Dann sollte der Betreffende sich vorstellen, daß Jesus auf diesem Stuhl sitze, und er sollte Ihm alles sagen, was ihn bewegte und umtrieb.

Wenn er damit fertig war, sollte er sich vorstellen, daß der Stuhl wieder leer sei und er selbst sich jetzt darauf setze. Hierauf sollte er auf alles, was er gesagt hatte, Rede und Antwort stehen, als wäre er selbst Jesus. Anthony erklärte, wenn man so aus seinem eigenen Mund die Antwort Jesu höre, könne einem das wichtige Erkenntnisse über sich selbst vermitteln, und infolgedessen sei die darauf verwendete Zeit sehr gut genutzt.

Anthony schlug auch noch eine weitere Übung des Zwiegesprächs mit Jesus vor. Dabei sollte man zunächst alle seine Gefühle aussprechen oder niederschreiben (was zur Klärung der Gedanken beitragen kann), angefangen mit den negativen, also mit dem Ärger, der Angst und der Wut, die man in sich verspürt. Dann sollte man still auf die Antworten Jesu warten und sich dabei ganz plastisch vorstellen, wie Er neben einem steht; man sollte erspüren, wie Er einen an der Hand hält, wie Er einen beim Namen nennt, und wie man Seine ermutigenden Worte auf sich wirken läßt. Manchen Menschen mag das schwerfallen, vor allem, wenn man schon jahrelang ein negatives Bild seiner selbst mit sich herumgetragen hat. Bleibt man jedoch mit Geduld bei dieser Übung, kann es sein, daß man allmählich spürt, wie man von Jesus mit dem Wissen beschenkt wird, von Ihm bedingungslos geliebt zu werden.

Vielleicht wissen Sie bereits aus eigener Erfahrung, was diese Art selbstloser Liebe und Großzügigkeit in einem Menschen bewirken kann. Ich entsinne mich noch gut, wie ich in meinen frühen Jahren als Jesuit mit einer Schwester in einem Beratungszentrum für Ordensleute zusammenarbeitete. Diese Schwester verfügte über eine besondere Gabe, ihren Klienten ein ungemein starkes Selbstwertgefühl zu vermitteln. Tag für Tag kamen sehr schwierige Menschen zur Beratung, und fast immer fragten die Betreffenden, ob sie mit dieser Schwester sprechen könnten. Wir anderen waren über diese Nachfrage ganz froh. Schließlich wußten wir nur zu gut, wie schwierig es war, bestimmte Leute zufriedenzustellen. Wir mußten immer wieder staunen, wenn die Schwester mit einem Lächeln im Gesicht aus ihrem Sprechzimmer herauskam und sagte: „Dieser Mensch hat eine so sympathische Art." Wir, die anderen Helfer, und auch ich, konnten nicht erkennen, worin jeweils die „sympathische Art" bestand. Aber wir konnten nicht übersehen, daß jeder, der aus dem Sprechzimmer der Schwester herauskam, sichtlich leichteren Schrittes wieder wegging. Diese Schwester hatte es irgendwie fertiggebracht, in jedem Menschen, dem sie begegnete, Christus zu sehen, und sie hatte in jedem Menschen das Gute wecken können, das in ihm steckte. Ihre Liebe gab diesen Menschen die Sicherheit, daß sie selbst gut seien. Schon ihr Blick vermittelte eine entsprechende Botschaft, und das Ergebnis war, daß diese Menschen mit dem festen Entschluß von ihr weggingen, den Erwartungen zu entsprechen, die sie in sie setzte. Dank der einfachen Wahrnehmung, daß zumindest ein anderer Mensch der Überzeugung war, sie seien „wirklich gut", hatte Gottes Gnade ihr Wesen anrühren können. Von daher könnte man die Liebe so beschreiben: Sie besteht darin, daß man das Gute in anderen Menschen sieht und sie wissen läßt, daß man auf ihrer Seite ist.

Imaginationsübung
Der Weg nach Emmaus

Vorbemerkung: Auch auf diese Meditation bereiten Sie sich vor, indem Sie sich einen geeigneten Ort für das Gebet suchen und sich mit Hilfe einer der im ersten Kapitel beschriebenen Übungen zur Stille bringen und in Gottes Gegenwart versetzen. Hierauf lassen Sie das folgende innere Bild plastisch entstehen, und versetzen Sie sich selbst in dieses hinein.

Zwei von den Jüngern sind auf dem Weg in ein Dorf namens Emmaus (stellen Sie sich vor, Sie gehen neben ihnen her, wie sie so dahinwandern und sich über all das unterhalten, was sich in den letzten Tagen in Jerusalem ereignet hat). Während sie reden, kommt Jesus hinzu und geht mit ihnen. Doch sie sind wie mit Blindheit geschlagen, so daß sie Ihn nicht erkennen. Er fragt sie: „Was sind das für Dinge, über die ihr euch unterhaltet?" Da bleiben sie traurig stehen, und der eine von ihnen – er heißt Klopas – fängt an, Ihm zu erklären, daß sie sich über Jesus von Nazareth unterhalten haben, einen Freund von ihnen, den die Hohenpriester der Juden ergriffen und ans Kreuz geschlagen haben. „Wir hatten gehofft, daß Er uns die Freiheit verschaffen würde, aber jetzt ist uns der letzte Rest Hoffnung genommen. Aber nicht nur das: Einige Frauen aus unserem Kreis waren vor kurzem an Seinem Grab, und sie fanden dort nur noch einige Tücher von Ihm, aber von Ihm selbst keine Spur mehr." Während sie diese Geschichte erzählen, kommen sie an die Stelle der Straße, wo sie in Richtung ihres Wohnortes abbiegen müssen. Der Fremde tut, als wolle er weitergehen. Aber sie spüren, daß Er etwas Besonderes an sich hat und bitten Ihn, bei ihnen zu bleiben und mit ihnen das Abendmahl einzunehmen. Kaum sitzen sie dabei zusammen, beginnt der Fremde das Brot mit ihnen zu brechen, verschwindet dann jedoch ganz plötzlich aus ihrer Mitte. Erst da geht ihnen auf, daß es der Herr war.

Lassen Sie sich jetzt intensiv auf diese Begebenheit ein. Die beiden Wanderer hatten Jesus viel gegeben: ihre Zeit, ihre Freundschaft, ihre Energie, ihre Hoffnungen, ihre Träume von einem künftigen erfüllten Leben. Es waren zwei ganz normale Menschen wie du und ich. Wie wir alle hatten sie Hoffnungen und Erwartungen, aber genau wie bei uns wurden diese Hoffnungen – zumindest aus ihrer Sicht – enttäuscht. Wer von uns ist in seinem Leben nicht schon bitter enttäuscht worden: Eine Freundschaft ist zerbrochen, eine Treuepflicht mißachtet, eine Arbeitsstelle jemand anderem gegeben worden, ein Geschäft ist nicht zustandegekommen; wir sind gescheitert, wo wir uns einen Erfolg erwartet hatten; und ganz allgemein haben wir das Gefühl, daß Gott uns im Stich gelassen hat.

Unter dem Eindruck einer solchen Erfahrung kann man sich leicht in die Wanderer auf der Straße nach Emmaus versetzen. Man kann sich ihnen anschließen und genau wie sie sagen: „Wir hatten gehofft…" Man kann dann aber auch mit ihnen staunen, wenn einem langsam die Wahrheit dämmert, daß der Fremde, dem man unterwegs begegnete, der gleiche Fremde ist, der einem auch in den härtesten Zeiten des Lebens zur Seite stand. Das ist der gleiche Fremde, der selbst schon viele Enttäuschungen erlebt hat. Er weiß aus eigener Erfahrung nur zu gut, wie das ist, wenn man leidet und dabei ganz allein ist. Er hat selbst schon die größten Härten hinter sich gebracht; Er hält seine schützende Hand über uns, wenn wir uns mühsam abplagen.

Zweite Imaginationsübung
Der Sturm auf dem Meer

(Lesen Sie zunächst Markus 4,35–41). Für diese Meditations-/Imaginationsübung kann es hilfreich sein, im Hintergrund leise Musik laufen zu lassen.

Stellen Sie sich intensiv einen lauen Abend vor, an dem Sie und einige Freunde zum Abschluß eines langen arbeitsreichen Tages zusammengekommen sind. Ihre Freunde sind einige der Apostel, und auch Christus ist dabei. Sie wandern miteinander dahin, vielleicht am Rand eines kleinen Dorfes. Schließlich schlägt einer aus der Gruppe vor, man könnte doch an den nahegelegenen See gehen und aufs Wasser hinausrudern. Auch Christus findet den Vorschlag gut. So geht Ihre Gruppe ans Ufer des Sees hinunter. Jetzt stellen Sie sich plastisch vor, wie Sie an den Rand des Wasser kommen und ganz in der Nähe eines der Fischerboote sehen. Sie waten zu ihm hin und setzen sich mitten in dieses Boot, und Petrus setzt sich neben Sie. Die anderen Apostel folgen und machen es sich auf den übrigen Sitzen bequem. Auch Christus steigt ins Boot. Er ist von seiner langen Predigttätigkeit während des ganzen Tages erschöpft, läßt sich auf einigen Kissen ganz hinten im Boot nieder, und fast unverzüglich schläft Er ein.

Sie und Petrus sitzen mitten im Boot und rudern sachte vom Ufer weg. Sie spüren die wunderbare Abendstimmung. Es weht eine sanfte Brise. Die Sonne beginnt gerade unterzugehen. Das Wasser schwappt leise an die Wände des Bootes. In dieser friedlichen Stille lassen Sie die Hand über Bord hängen und spüren, wie Ihnen das kühle Wasser durch die Finger rinnt. Sie fühlen sich wohlig entspannt. Aber plötzlich merken Sie, daß der Wind viel stärker ge-

worden ist. Das Wasser, das bis jetzt sachte ums Boot ge-
schwappt hat, ist plötzlich aufgewühlt. Sie schauen sich
um und sehen, daß am Himmel große schwarze Wolken
auf das Boot zutreiben. Der Wind wird scharf. Sie sehen
Petrus an, der ein erfahrener Fischer ist. Er wirkt ziemlich
besorgt. Er spürt, daß ein Sturm aufzieht. Als Sie erneut
auf das Wasser schauen, sehen Sie, daß die Wellen über die
Ränder des Bootes zu schlagen beginnen. Der Wind ist
noch stärker geworden. Heftige Böen werfen das Boot hin
und her. Inzwischen ist soviel Wasser ins Boot geschlagen,
daß es zu sinken droht. Petrus schaut Sie an. Sein Gesicht
verrät Angst. Er fordert Sie auf, sich nach hinten zu han-
geln, wo Christus schläft. Sie sollen Ihn darauf aufmerksam machen, wie bedrohlich die Lage ist. So beginnen Sie
in Seine Richtung zu kriechen. Sie fassen Ihn an der Schul-
ter und rütteln Ihn. Er öffnet verschlafen die Augen. Sie rufen ihm zu: „Herr, rette mich, oder ich ertrinke!" Daraufhin setzt sich Christus auf, streckt die Hand aus und
befiehlt den Wellen, sich zu legen. Sofort wird das Wasser
ruhiger. Jesus schaut Ihnen direkt in die Augen und sagt:
„Warum hast du kein Vertrauen gehabt? Wußtest du nicht,
daß ich bei euch bin?"...

Ich halte inne, überdenke die letzten Monate, denke an
die Zeiten, in denen ich Gefahren für mein Leben sah ... als
ich mir große Sorgen machte ... als ich mich verlassen und
allein fühlte und meinte, es nicht mehr zu schaffen ... und
ich bin einfach bei Christus ... und höre immer wieder
Seine Worte: „Warum hast du Angst gehabt? Wußtest du
nicht, daß ich bei dir bin?"

*(Sie können an diesem Punkt eventuell einige Minuten
innehalten und darum beten, daß Sie in Ihrem Leben
immer wieder die Nähe Christi zu verspüren vermögen,*

sowie um einen festeren Glauben daran, daß Er bei Ihnen
ist, wenn Sie das nächste Mal wieder in Bedrängnis kom-
men.)

Imaginationsübung

Vorbemerkung: Diese Übung ist am wirksamsten, wenn
Sie sich zunächst bequem hinsetzen, die Augen schließen
und sich mit Hilfe einer der eingangs erklärten Atem-
übungen vorbereiten. Lassen Sie sich den folgenden Text
langsam vorlesen, oder lesen Sie ihn ein paarmal durch,
um ihn auswendig zu kennen. So müssen Sie nicht wäh-
rend der Übung immer wieder nachlesen, wie es weiter-
geht.

Stellen Sie sich vor, Sie machen in der Kühle eines Abends
einen Spaziergang. Ihre Alltagsarbeit liegt hinter Ihnen. Sie
wandern durch einen Wald. Sie fühlen sich sehr sicher. Sie
gehen auf einem Weg, der an einem bewaldeten Hügel vor-
beiführt. Da erkennen Sie einen schmalen Pfad, der zwischen den Bäumen zur Wohnung eines bekannten Weisen
hinaufführt. Er ist für seine Güte und Klugheit berühmt.

Sie gehen den Pfad hinauf, und schließlich können Sie
auf der Höhe vor sich ein kleines Feuer sehen. Als Sie
näherkommen, können Sie schemenhaft die Umrisse des
am Feuer sitzenden Weisen erkennen. Sie gehen noch
näher in seine Richtung, bücken sich und sammeln einige
kleine Zweige und Ästchen für sein Feuer. Dann kommen
Sie ans Feuer. Sie legen Ihre Zweige auf das Feuer und setzen sich dem Weisen gegenüber. Im Licht des Feuers können Sie ihn genauer sehen. Lassen Sie sich Zeit, ihn genau
anzuschauen. Studieren Sie seine Züge. Er ist ganz nah am

Feuer. Studieren Sie sein Gesicht. Es ist voller Güte…
Können Sie seine Augen sehen? Seinen Gesichtsausdruck?

Jetzt stellen Sie dem weisen Mann eine Frage, die für Sie im Laufe des letzten Jahres wichtig war. Während Sie diese Frage äußern, beobachten Sie genau den Gesichtsausdruck des Weisen. Wie nimmt er Ihre Frage auf? Gibt er Ihnen darauf unverzüglich eine Antwort? Wenn ja, gibt er sie mit Worten oder durch seinen Gesichtsausdruck oder seine Gesten? Welche Art Antwort gibt er Ihnen?

Jetzt bitte ich Sie um etwas Schwieriges. Versuchen Sie, selbst der Weise zu werden. Wie fühlen Sie sich in der Gestalt des weisen alten Mannes? Wie sehen Sie jetzt, im Gefühl, er zu sein, Ihr bisheriges Leben? Sie als der weise Mann sehen jetzt einen Fremden den Weg zu sich hinaufkommen. Tatsächlich ist dieser Mensch Sie selbst, wie Sie vor wenigen Minuten den Pfad heraufkamen. Sehen Sie, wie sich der Fremde Ihnen gegenüber hinsetzt. Der Fremde stellt Ihnen eine Frage, die offensichtlich wichtig ist. Lassen Sie sich Zeit, bis Sie ihm eine möglichst weise Antwort auf diese Frage geben können. Wie fühlen Sie sich gegenüber dem Fremden, der Ihnen diese Frage stellt? Schauen Sie sich langsam dabei zu, wie Sie diesem Fremden Ihre Antwort geben. Was sagen Sie? Geben Sie ihm Ihre Antwort mit Worten, mit einer Geste oder auf eine andere Art? Jetzt werden Sie wieder Sie selbst. Haben Sie die Antwort des Weisen mitbekommen? Haben Sie sie verstanden? Welches Gefühl haben Sie jetzt gegenüber diesem Weisen?

Es wird langsam Zeit zu gehen. Sie stehen auf, um den Platz zu verlassen. Der Weise greift mit der Hand hinter sich. Er sucht in einem besonderen Beutel ein ganz bestimmtes Geschenk für Sie. Er nimmt es aus dem Beutel und gibt es Ihnen für Ihren Heimweg. Nehmen Sie das Geschenk entgegen, und schauen Sie es genau an. Hat es für Sie eine bestimmte Bedeutung? Sie wenden sich zum Gehen, bedanken sich bei dem alten Mann und sagen ihm, wie Sie sich fühlen. Dann verabschieden Sie sich von ihm und machen sich auf den Heimweg. Werden Sie sich jetzt wieder Ihres Atems bewußt. Nehmen Sie wieder den Raum wahr, in dem Sie diese Übung gemacht haben. Lassen Sie sich die Zeit, die Sie selbst brauchen, bis Sie die Augen öffnen und sich wieder ans Licht gewöhnen können. Recken und strecken Sie sich und beschließen Sie die Übung.

Falls Sie diese Übung in einer Gruppe gemacht haben, möchten Sie sich vielleicht mit den anderen darüber austauschen. Erzählen Sie einander, was Sie während dieser Imaginationsubung erlebt haben. Fühlen Sie sich aber ganz frei darin, ob Sie etwas erzählen wollen und wieviel.

5

Welches Bild haben wir von Gott?

Bis jetzt haben wir schon einiges über die Eigenart des Gottes gesagt, mit dem wir in Kontakt kommen und leben möchten. Versuchen wir dieses Gottesbild jetzt etwas systematischer zu formulieren, und zwar so, daß deutlich wird, was es für uns selbst, für andere, für die Arbeit und für unsere Gemeinschaft praktisch bedeutet. Umreißen wir dazu zunächst kurz, von welcher Art von Gott wir hier *nicht* sprechen.

Eric Berne beschreibt in seinem Buch *Spiele der Erwachsenen* die verschiedenen Rollen, die wir in unseren Begegnungen mit anderen Menschen einnehmen. Er empfiehlt unter anderem, uns den Begriff des „Retters" genauer anzusehen. Bezogen auf unser Gottesbild sollten wir zuallererst einmal das Bild von Gott als „Retter" loswerden. Wir sollten uns von der Vorstellung verabschieden, Gott sei dazu da, uns eine Hilfe zu bringen, die wir gar nicht wollen oder brauchen. Um zu erklären, was damit gemeint ist, erzählte uns Anthony de Mello die Geschichte von Erzbischof Roberts, einem englischen Jesuiten, der 1936 zum Erzbischof von Bombay ernannt wurde. Erzbischof Roberts fand diese Ernennung etwas verwunderlich, denn er wußte nur sehr wenig über Indien und die indische Mentalität. Als er eintraf, um seine neue Stelle anzutreten, fand er zudem eine Diözese vor, die über eine hochentwickelte Kirchenstruktur verfügte und bereits einen ausgebildeten und begabten Klerus besaß. Er stellte fest, daß seine Ernennung bei der ansässigen Bevölkerung Mißfallen erregte. Kurz, die Inder erhielten von außen eine Hilfe, um die sie nicht gebeten hatten und die sie auch nicht brauchten. Um dieses Dilemma zu mildern, kam der Erzbischof auf eine schlaue Idee. Er schrieb nach Rom, daß er einen Weihbischof brauche, und daß es vor Ort einen sehr gut dafür geeigneten Mann namens Gracias gebe. Nach einigem Zögern Roms wurde Bischof Gracias tatsächlich als Weihbischof der Diözese installiert. Wenig später eröffnete Erzbischof Roberts seinem neuen Weihbischof, er müsse in Kürze für einige Zeit ins Ausland gehen, um dort einige wichtige Angelegenheiten zu regeln. In seiner Abwesenheit solle er die Verantwortung für die Diözese übernehmen. So kam es, daß Erzbischof Roberts abreiste und die Diözese Bischof Gracias anvertraute. Diese Situation dauerte geraume Zeit an, und der neue Bischof erfüllte seine Aufgabe ausgezeichnet. Schließlich wurde klar, daß Erzbischof Roberts nicht mehr zurückkommen würde. Er hatte gesehen, daß man den Leuten eine Hilfe zugeteilt hatte, um die sie gar nicht gebeten hatten, und daß seine Anwesenheit nur ihre eigene Initiative lähmen würde.

Es gibt einen zweiten Typus Retter, der auf Gott nicht zutrifft. Es ist der Retter, der hilft, wo Hilfe gar nicht nötig ist. Viele von uns bieten anderen eine Hilfe an, die die Empfänger dieser Hilfe nicht weiterbringt.

Vielleicht neigen wir Männer eher als die Frauen dazu, anderen unerwünschte Hilfe zukommen zu lassen. Was die Menschen jedoch mehr als alles andere brauchen, ist ein offenes Ohr. Das habe ich bei zahlreichen Gelegenheiten festgestellt, wo Menschen zu mir gekommen sind. Sie erwarteten von mir gar nicht eine Hilfe in der Weise, wie ich mir das zunächst vorgestellt hatte. Was die Menschen vor allem brauchen, ist die heilsame Wirkung eines Zuhörers. Sie möchten, daß jemand das, was sie sagen, positiv aufnimmt, sie bestärkt und sie spüren läßt, daß er sich in sie und ihre Lage einfühlen kann. Was sie nicht brauchen, ist jemand, der plump mit Lösungen oder Antworten auf Probleme daherkommt, von denen sie das Gefühl haben, daß sie nicht ihre eigenen Antworten sind. Anthony de Mello sagte uns, wenn ihn sein Provinzial bitten würde, irgendwo in ein Missionsgebiet zu gehen, würde er den Provinzial zunächst einmal fragen: „Wer ruft mich denn dorthin?" Vielleicht würde er sogar dem dortigen Ortsbischof schreiben und sich selbst über die Situation erkundigen. „Stimmt es, daß Sie mich haben wollen? Wozu? Und warum brauchen Sie diese Hilfe?" Auf jeden Fall wollte er dann ein Helfer sein, der alles daran setzt, sich selbst überflüssig zu machen; er würde sich als Übergangshelfer verstehen, der nur so lange dableibt, bis die anstehende Schwierigkeit behoben ist.

Wer von Ihnen sich genauer mit dem Enneagramm – der Lehre von den neun Persönlichkeitstypen – befaßt hat, entdeckt vielleicht in dieser zweiten Art von Helfer die klassischen Anzeichen des zwanghaften Helfers: den Menschentyp, der immer nur gibt, sich endlos um andere kümmert und sie bemuttert, selbst wenn sie lieber in Ruhe gelassen werden wollen und ihnen damit mehr geholfen wäre. Wir sollten uns auf diesem Gebiet genau prüfen und darauf achten, ob wir nicht unter dem Vorwand, anderen helfen zu wollen, in Wirklichkeit unsere eigenen Bedürfnisse nach Beachtet- und Gelobtwerden zu befriedigen versuchen. Ist das der Fall, dann sollten wir uns das Bedürfnis, von unserer Umgebung geschätzt, geliebt und gebraucht zu werden, klar eingestehen; wir müssen deutlich sehen, daß wir im Grunde ein Spiel treiben, um von anderen die Liebe und Anerkennung zu bekommen, die wir uns so dringend wünschen.

Zu einer dritten Art von Helfern gehören die Leute, die aus Versehen zu Helfern werden, obwohl sie eigentlich gar keine Hilfe leisten wollten. Dieser Typ von Helfern läßt sich vielleicht am besten mit einem Beispiel erklären. Ein Priester oder Ordensmann, der ein eindeutiges Erkennungszeichen wie etwa seinen römischen Kragen oder sein Habit trägt, wird oft von Passanten angesprochen: „Pater, kann ich einen Moment mit Ihnen sprechen?" Ich war schon oft versucht, zur Antwort zu geben: „Wenn es nicht um Geld geht, unterhalte ich mich gern mit Ihnen!" Manchmal sage ich das tatsächlich, aber oft stelle ich mich auch zunächst dumm. Ich lasse mich auf das Gespräch ein und fürchte den Moment, in dem der „springende Punkt" zur Sprache kommt. In solchen Fällen kann ich in meinem Inneren deutlich fühlen, wie sich ein Wandel vollzieht, der mir sehr zuwider ist: Aus meinem Gefühl, einem anderen Menschen zu helfen, wird das ungute Gefühl, von jemandem mißbraucht zu werden. Ich habe zugelassen, daß ich manipuliert werde. Meist gebe ich dem Betreffenden schließlich etwas, aber nur unter Zögern und mit einer gewissen Gereiztheit. Dieser Typus von Retter muß lernen, gelegentlich Nein zu sagen. Das ist nicht leicht. Ich habe dabei das Gefühl, abgelehnt, verachtet, ja sogar gedemütigt zu werden.

Beim vierten Typus von Rettern handelt es sich um Menschen, die Leuten helfen, die sich nicht selbst anstrengen, um etwas zur Behebung ihrer Probleme zu tun. Dieser Retter-Typus engagiert sich gern in den Randzonen der Gesellschaft. Der Helfer zieht in ein entsprechendes Stadtviertel oder Gebiet, fängt an, die dort herrschenden Probleme zu erkennen, oder meint jedenfalls, sie zu erkennen, und kommt mit Lösungen daher, ohne die Betroffenen selbst richtig um ihre Meinung gefragt oder sie in die Lösung ihrer Probleme mit einbezogen zu haben. Diejenigen, denen beigestanden wird, werden dabei nicht in die Lage versetzt, selbst an der Lösung ihrer Probleme zu arbeiten oder wenigstens dabei mitzuwirken.

Einen fünften Typus von Rettern repräsentieren diejenigen, die etwas von den Menschen wollen, denen sie helfen, das aber nicht offen sagen. Dieser letzte Helfertypus ist vielleicht der verbreitetste. Gelegentlich kann man ihn sogar bei Eltern beobachten und zwar anhand der Art, wie sie mit ihren Kindern umgehen. Manchmal stellen wir uns sogar vor, Gott sei von dieser Art. Bei Eltern ist es vielleicht so, daß sie versteckte Erwartungen oder Wünsche an ihre Kinder haben, diese aber nicht zum Ausdruck bringen. In der Beziehung zu anderen Erwachsenen äußert sich das etwas anders. Da haben wir zum Beispiel schon oft gehofft, unsere Freunde würden an unseren Geburtstag denken, oder sie kämen von selbst auf die Idee, uns anzurufen, statt daß wir uns immer um sie bemühen müssen. Wenn sie sich nicht entsprechend verhalten, empfinden wir das als bitter. Wir fühlen uns als Opfer. Richtiger wäre es, unseren Freunden klipp und klar zu sagen, was wir uns von ihnen wünschen, und es ihnen dann freizustellen, darauf so zu reagieren, wie sie selbst es wollen.

Läßt sich Gott mit irgendeinem der hier aufgezählten Typen von Helfern vergleichen? Ich glaube nicht. Gottes Gaben sind zwar für alle Menschen da, aber Er drängt seine Hilfe nicht denen auf, die sie weder wollen noch wünschen. Das wird an vielen Stellen des Evangeliums deutlich. Ganz besonders anschaulich zeigt es die Geschichte vom Kranken am Teich Betesda (Johannes 5, 1–9). Jesus bietet Seine Hilfe unverzüglich an, hat sich aber zuvor erkundigt, was der Leidende braucht, und ob er wirklich Hilfe wünscht. So wird in den Evangelien oft gesagt, Jesus habe die grundsätzliche Frage gestellt. „Was willst du, daß ich dir tue?", oder Er habe gefragt: „Willst du wirklich geheilt werden?" Sind diese beiden Grundfragen geklärt, dann ist Gottes Güte grenzenlos.

Meditation mit dem Evangelium

Der Kranke, dem seine Freunde helfen (Lukas 5, 17–26). *Stimmen Sie sich auf die übliche Weise ein und versetzen Sie sich in Gottes Gegenwart. Kommen Sie innerlich mit Hilfe einer der Stilleübungen zur Ruhe. Bitten Sie während dieser Gebetsübung um das, was Sie momentan brauchen.*

Eines Tages, als Jesus lehrte, versammelten sich um ihn Pharisäer und Schriftgelehrte aus allen Teilen Galiläas und Jerusalems, weil sie Zeugen der Macht Gottes werden wollten. Einige Männer kamen dazu und trugen einen bettlägerigen Freund mit sich, der gelähmt war. Da sie nicht durch die Menge kamen, kletterten sie auf das Dach des Gebäudes, in dem Jesus sich aufhielt, und ließen den Kranken durch die Decke direkt an der Stelle herunter, an der Jesus lehrte.

Als Jesus ihren Glauben sah, sagte Er zu dem Gelähmten: „Deine Sünden sind dir vergeben." Da begannen die Umstehenden zu murren und sagten zueinander: „Wer kann Sünden vergeben, außer Gott allein?" Jesus merkte das und sagte zu ihnen: „Warum zweifelt ihr in euren Herzen?" Und dem Kranken zugewandt, fuhr Er fort: „Damit diese Menschen wissen, daß ich die Macht habe, Sünden zu vergeben, sage ich dir: Steh auf, nimm dein Bett und geh!" Unverzüglich stand der Mann auf, nahm sein Bett, ging weg und lobte Gott.

Werden Sie ganz still und stellen Sie sich plastisch die gerade beschriebene Szene vor. Sehen Sie Jesus in dem dichtgedrängten Raum vor sich und Seine Zuhörer, wie sie Ihm gebannt lauschen. Sie selbst sind mitten in der Menge. Plötzlich merken Sie, daß Bewegung in die Menschen kommt. Sie entdecken am Rand der Menge einige Fremde, die damit anfangen, ihren gelähmten Freund aufs Dach des Gebäudes zu hieven. Beobachten Sie, wie schwer sie sich damit tun. Auf dem normalen Weg hatten sie keine Möglichkeit, bis an Jesus heranzukommen. Wie oft hatte ich schon die gleiche Schwierigkeit? Doch diese Hilfesucher sind hartnäckiger als die meisten anderen Menschen. Sie fangen an, unter großen Mühen ihren Freund aufs Dach zu heben, um ihn um jeden Preis von Angesicht zu Angesicht vor Jesus zu bringen. Versuchen Sie, sich lebhaft in den Gelähmten selbst einzufühlen: wie peinlich ihm die Situation ist; wie er kein Aufsehen erregen will; wie ihn das alles verwirrt; wie er seine Zweifel hat, ob sich der ganze Aufwand überhaupt lohnt. Schließlich wird der Kranke direkt vor dem Angesicht Jesu heruntergelassen, und der schaut ihn betroffen an. Hören Sie deutlich die beiden Fragen: „Was wollt ihr von mir?" und: „Möchtest du wirklich geheilt werden?" Stellen Sie sich die Verlegenheit des Gelähmten vor. Vielleicht hat er gar nicht allen Ernstes erwartet, plötzlich so massiv und so unerwartet mit dieser Frage konfrontiert zu werden, und das vor einem so großen Publikum. Versetzen Sie sich selbst in seine Lage. Werden Sie selbst der Gelähmte. Hören Sie die beiden Fragen und nehmen Sie an, sie würden direkt an Sie persönlich gerichtet. Was ist die Antwort? Möchte ich wirklich geheilt werden? Hier? Jetzt? Verweilen Sie eine Zeitlang bei diesen Fragen, bevor Sie Christus für Sein Interesse, Seine Zeit und Seine Sorge um Sie danken.

Imaginationsübung
Ein Lieblingsplatz

Kommen Sie zur Ruhe. Dann begeben Sie sich in Ihrer Phantasie an einen Ihrer Lieblingsplätze. Das kann am Meer sein, an einem Gebirgsbach oder wo auch immer. Stellen Sie sich diesen Platz möglichst plastisch vor. Achten Sie darauf, daß es ein Ort ist, an dem Sie sich glücklich und voll Frieden fühlen können.

Sie können eine der Stilleübungen aus dem ersten Kapitel verwenden und sich dann auf die Reise an Ihren Lieblingsplatz begeben. Eventuell können Sie dazu auch leise ein Tonband mit entspannender Musik abspielen. Lassen Sie sich ganz von den Geräuschen, Gerüchen, Farben und den anderen Eigenschaften dieses Platzes in Beschlag nehmen, und genießen Sie es, sich dort aufzuhalten. Seien Sie für diesen Platz dankbar. Seien Sie für Ihr Leben, wie es jetzt gerade ist, dankbar. Was geht Ihnen dabei durch den Kopf?

All das, was Ihnen während des letzten Jahres geschenkt worden ist? Die Menschen, die Ihnen nahe gewesen sind? Die Augenblicke, in denen Gott Ihnen wirklich gegenwärtig zu sein schien? Anlässe oder Ereignisse, die jetzt, im Rückblick, unerwartet fruchtbar waren? Wenn Sie auf diese Weise zurückschauen, werden Ihnen vielleicht die Schönheit und der Wert von bestimmten Menschen und Ereignissen viel deutlicher bewußt. Vielleicht werden Sie auf Menschen und Dinge aufmerksam, denen Sie künftig mehr Zeit und Mühe widmen sollten. Nach einiger Zeit verabschieden Sie sich von Ihrem Lieblingsplatz und gehen mit langsamen Schritten wieder an den Ort, wo Sie im Augenblick sind.

◼ 6 ◼

Sich selbst lieben

In Zentralchina gibt es ein kleines malerisches Städtchen namens Yangshuo, das bei Touristen sehr beliebt ist. Dort findet regelmäßig etwas Eigenartiges statt. Allabendlich, wenn die Touristen am Ufer des Flusses spazierengehen, der die Stadt durchfließt, werden sie an einer bestimmten Stelle von den örtlichen Fischern mit ihren winzigen Booten aus dicken Bambusstöcken erwartet. Die Fischer laden die Reisenden ein, ihnen etwas von ihrem hart verdienten Geld abzugeben und dafür mitzuerleben, wie sie ihren Lebensunterhalt verdienen.

Sobald man seine Gebühr bezahlt hat, wird einem in das winzige Boot geholfen, das dann in die Flußmitte gerudert wird. Diese Fahrten werden immer zu der Zeit unternommen, zu der es langsam zu dämmern beginnt. Beim Hinausrudern wird am Bug jedes Boots eine helle Lampe entzündet. An den Längsseiten hängt eine ganze Reihe von Vogelkäfigen mit Vögeln darin.

Sobald der Fischer sein Gefährt mitten im Strom plaziert hat, fängt er an, einen Vogel nach dem anderen aus dem Käfig zu lassen. Jeder Vogel ist an einem Fuß mit einem Faden am Boot festgebunden. Außerdem trägt jeder Vogel um den Hals einen Metallring, der ihm das Atmen erlaubt, nicht jedoch das Verschlucken von irgendwelcher Beute. Dann kann man staunend beobachten, wie sich dem Boot Fische zu nähern beginnen, die wahrscheinlich von dem Lichtschein der Buglampe angezogen werden.

Die Vögel tauchen ins Wasser, um diese Fische zu greifen und kehren dann zum Boot zurück, mit dem Fisch im Schnabel, denn sie können ihren Fang ja nicht verschlukken. Nach etwas Zureden des Fischers läßt jeder Vogel seinen Fisch los und begibt sich erneut auf die Tauchjagd. Die Vögel tun diese Arbeit unermüdlich Nacht für Nacht, trotz des Umstands, daß sie nie eine Belohnung für ihre Anstrengungen bekommen.

Anthony de Mello hat uns bei seinen Seminaren darauf hingewiesen, daß wir Menschen uns in ähnliche Situationen verstricken können, wo wir immer nur für andere im Einsatz sind, aber selbst leer ausgehen und schließlich ausgebrannt sind. Wenn wir zum Beispiel dazu neigen, schlecht von uns selbst zu denken oder wenn wir uns bis zur Erschöpfung verausgaben, hat das zur Folge, daß wir in einer Welt voller Nöte wenig zu einer wirklichen Veränderung und zum Guten beitragen können. Wir stehen uns dann als Botschafter Christi selbst im Weg. Jeder und jede von uns hat ein Charisma für andere, auch wenn wir selbst diese Tatsache gar nicht wahrhaben. So stellt sich uns die Frage: Wie können wir dieses Charisma erkennen? Wie können wir es zur Entfaltung bringen und vertiefen?

Anthony de Mello hat uns eine Übung vorgeschlagen, die dabei helfen kann, uns selbst in der Überzeugung zu bestärken, daß wir liebenswert sind. Wir haben sie in einer Reihe von anschließenden Meditationssitzungen wie folgt weiterentwickelt:

Stellen Sie sich vor, Sie steigen auf einen Berg. Oben auf dem Berg kommt Jesus zu Ihnen. Natürlich ist das eine in der Phantasie vorgestellte Begebenheit, aber dadurch kommen wir mit einer tiefen Schicht unserer selbst in Kontakt, und das ist ungemein wertvoll. Wenn Sie Jesus auf dem Gipfel dieses Berges begegnen, sprechen sie mit Ihm und hören Sie genau hin, was Er sagt. Sprechen Sie mit Ihm über Ereignisse, die Sie im letzten Monat erlebt haben. Lassen Sie sich von Jesus erklären, welchen Sinn diese Erlebnisse für Ihr Leben haben könnten. Wenn Ihnen in Ihrer Phantasie Selbstzweifel oder negative Gefühle kommen, lassen Sie es zu, daß Jesus Ihnen sagt, Er kenne Ihre Mängel, Ihre Fehler, Ihre Sünden, aber Er liebe Sie trotzdem so, wie Sie sind. Dann gehen Sie darauf ein. Wer anfängt, sich selbst wie ein Prinz oder eine Prinzessin zu fühlen, fängt auch an, in anderen das Gute zu sehen.

Viele unserer Probleme mit dem Beten haben ihre Ursache nicht in spirituellen Schwierigkeiten. Sie entstammen vielmehr menschlichen und emotionalen Befangenheiten. Es ist naiv zu glauben, das Gebet könne das alles auflösen. Die Tatsache, daß wir leben, bedeutet, daß wir von Gott erschaffen sind, um zu leben, zu sterben und nach unserem Tode weiterzuleben; aber das Leben konfrontiert uns immer wieder mit großen Problemen und schmerzlichen Situationen. Manchmal geschieht es, daß an Punkten, wo unser Leben bis in seine Grundfesten erschüttert wird, schlagartig unsere tiefsten Fragen auftauchen und daß wir dann am ehesten für die Kommunikation mit Gott reif sind. Anthony de Mello hat darauf hingewiesen, daß in Indien bei manchen Exerzitien diese Tatsache mit in Betracht gezogen wird. Die Teilnehmer verbringen deshalb die ersten vier Tage in der Gruppe, um sich gegenseitig bei emotionalen Problemen helfen zu können, und erst in der zweiten Hälfte der Exerzitien widmen sie sich im Schweigen der Kommunikation mit Gott. Auch Anthony selbst hat gelegentlich seine Kurse auf diese Weise gestaltet, wenn er merkte, daß einige Teilnehmer auf emotionalem und psychischem Gebiet noch nicht bereit waren; erst in der zweiten Hälfte der Zeit leitete er sie dann konzentrierter zum Gebet an. Er äußerte, daß die Teilnehmer die ersten vier Tage immer am anstrengendsten fanden und etwas Angst davor hatten. Um sie jedoch möglichst fruchtbar zu nutzen und so lebensnah wie möglich vorzugehen, regte er zu einer Art von „Tagebuchschreiben" an, das ungemein hilfreich sein kann. Die Teilnehmer führen dabei über das, was in ihnen vorgeht, Tagebuch; sie schreiben auf, was sie im Laufe der letzten Woche erlebt haben und was diese Erlebnisse ihnen ihrer Meinung nach sagen wollen. Zunächst listet jeder Teilnehmer diese Erlebnisse einfach auf, ohne sich allzusehr darauf einzulassen, sie zu analysieren. Hierauf stellt er sich die Fragen: Wohin will mein Leben wohl gehen? Was will mir mein Leben sagen? Wo stehe ich jetzt in meinem Leben?

Wenn man bei jährlichen Exerzitien diese Übung macht, kann man sie noch dadurch vertiefen, daß man sich auf ein Zwiegespräch mit einem für sein Leben wichtigen Menschen einläßt. Dazu erstellt man zunächst eine Liste von Menschen, die einem für das eigene Leben schon wichtig waren. Es kann sich dabei um bereits Verstorbene oder noch Lebende handeln. Sodann wählt man einen dieser Menschen aus und fängt an, schriftlich mit ihm in einen Dialog zu treten. Man versucht dabei genauer zu klären, in welcher Beziehung man zum gegenwärtigen Zeitpunkt zueinander steht. Diesen Dialog führt man vom eigenen Standpunkt aus, hält schriftlich fest, was einem einfällt und greift vielleicht ein bestimmtes Ereignis heraus, das man für ganz besonders wichtig hält. Hat man so seine eigene Version dieses Ereignisses niedergeschrieben, schlüpft man in die Rolle seines Gesprächspartners und äußert schriftlich, wie dieser wohl aus seiner Sicht das betreffende Ereignis einschätzt. Indem man so aus beiden Perspektiven ein Ereignis genau betrachtet, kann man ganz neue Einsichten darüber gewinnen.

Eine weitere Übung, die im Zuge dieses Tagebuch-schreibens sehr hilfreich sein kann, besteht darin, ein Zwiegespräch mit seinem eigenen Körper anzufangen. Dabei schreibe ich auf, wie ich und mein Körper einander im Laufe des letzten Jahres gegenseitig behandelt haben. Vielleicht hat mein Körper versucht, mir etwas darüber zu sagen, wie ich mit meinem Leben umgehe. Das kann sich in wiederholten Krankheiten geäußert haben, oder beim Nachdenken kommt mir, daß ich mich immer wieder schnell erkälte oder regelmäßig unwohl fühle, wenn bestimmte Dinge auf mich zukommen.

Eine dritte hilfreiche Möglichkeit ist in diesem Zusammenhang das regelmäßige Aufschreiben der eigenen Träume. Dabei beschreibe und kommentiere ich meine Träume, soweit ich mich an sie erinnern kann. Um davon mehr festhalten zu können, kann ich mir eventuell Notizbuch und Bleistift auf dem Nachttisch bereitlegen und mir immer gleich beim Aufwachen Notizen über die Träume der Nacht machen, damit sie nicht verlorengehen. Während der Exerzitien in Indien wurde dieser Abschnitt der Übung in einer Gruppe durchgeführt. Ein Teilnehmer wurde eingeladen, seinen Traum zu beschreiben, während die anderen aufmerksam zuhörten und versuchten, seinen Sinn tief auf sich wirken zu lassen. Nach einer kurzen Zeit der Besinnung wurde den Teilnehmern die Frage gestellt: Wenn das mein Traum gewesen wäre, was hätte er mir wohl zu sagen gehabt? Dann beantwortete reihum jeder diese Frage, und manche Überlegungen lieferten oft für denjenigen, der den Traum gehabt hatte, sehr erhellende Einsichten.

Eine vierte Methode, die Übung des Tagebuch-Schreibens zu erweitern, besteht darin, sich wichtige Wendepunkte aus dem vergangenen Jahr aufzuschreiben, also Anlässe, bei denen man einmalige Schritte oder Veränderungen unternommen hat. Hier kann man auch festhalten, welche Dinge man vorsätzlich *nicht* getan hat und warum man sich entschieden hat, sie nicht zu tun. Kann mir das irgend etwas über mich selbst sagen? Wie könnte ich in Zukunft mein Leben bedachter steuern? Bei meinem Jahresrückblick sehe ich einen eigenen Abschnitt vor, in dem ich die „Weggabelungen" festhalte, also die Anlässe, bei denen ich im Laufe des letzten Jahres besondere, wegweisende Entscheidungen getroffen habe oder bei denen solche Entscheidungen für mich getroffen wurden. Vielleicht hilft mir das, jetzt eine Entscheidung zu treffen, die ich vor einiger Zeit versäumt habe.

Schließlich gibt es zur Vertiefung dieser Übung noch die Konzentration auf spirituelle Wegmarken. Hier verzeichne und überdenke ich Begebenheiten aus dem letzten Jahr, bei denen ich für mich selbst einen tieferen Sinn gefunden habe. Werfen diese Begebenheiten Licht auf künftige Bereiche, in denen ich wachsen kann?

An die Übung des „Tagebuchschreibens" auf die geschilderte Art sollte man mit einer konstruktiven inneren Einstellung herangehen, denn es kann sein, daß einem dabei Einsichten zuteil werden, die ungemein nützlich sein können, einem aber zunächst überhaupt nicht behagen. Anthony de Mello selbst hat uns von einer Übung erzählt, die er mit Jesuitenstudenten bei ihren jährlichen Exerzitien durchgeführt hat. Er wies sie an, auf ihr Zimmer zu gehen und die Namen von drei Menschen aufzuschreiben, die sie schmerzlich vermissen würden, falls diese sterben sollten. Außerdem sollten sie die Namen von drei Menschen aufschreiben, von denen sie selbst im Fall ihres Todes schwer vermißt würden. Nach einiger Zeit sei die Gruppe zusammengekommen, um ihre Ergebnisse auszutauschen. Viele hatten leere Blätter! Anthony sagte, das sei sowohl für die Studenten wie auch für ihn selbst eine heilsame Lehre gewesen. Alle merkten, daß da etwas nicht stimmte, und Anthony war in der Verlegenheit, der Gruppe eröffnen zu müssen, daß er selbst bis vor acht oder neun Jahren kaum – wenn überhaupt – enge Freunde besessen habe, weil es ihm sehr schwer gefallen sei, zu glauben, daß jemand ihn wirklich liebte. Er litt unter starken Gemütsschwankungen, Anwandlungen von Eifersucht und Gefühlen des Abgelehntwerdens. Glücklicherweise hatte er auch Gefährten, die sehr geduldig mit ihm waren. Sie ließen ihn ihre bedingungslose Liebe spüren, und er wußte, daß dies eine Erfahrung von Gnade war. Ihre Auswirkungen auf ihn waren unabsehbar. Er veränderte sich, wurde sanfter. Aber die größte Veränderung bestand darin, daß er einen Blick dafür bckam, daß es überall sympathische Menschen gibt. Manche Menschen erfahren dies auch auf dem Weg über das Gebet. „Schenke Schönheit, Schönheit, Schönheit Gott zurück, Ihm, der Schönheit ist und Schönheit schenkt" (Gerard Manley Hopkins).

Probieren Sie die folgende Meditation, bei der es darum geht, sich darin zu üben, an sich selbst und an anderen das Gute zu sehen.

Evangelienmeditation
Der Edelstein im Acker

Kommen Sie mit den üblichen Vorbereitungsübungen innerlich zur Ruhe. Fangen Sie dann langsam an, sich vorzustellen, daß Sie ein kostbarer Edelstein sind, der in einem Acker versteckt ist. Spüren Sie von allen Seiten den Druck der Erde, die Sie umschließt. Vielleicht ist sie warm und angenehm, oder vielleicht auch kalt und feucht, denn natürlich haben Sie Ihre ganz persönliche Art, wie Sie sich als kostbarer Edelstein in der Erde fühlen. Vielleicht erinnert es Sie auch daran, wie Sie durch Erfahrungen mit Ihrer Familie, Ihren Freunden oder Ihren Arbeitskollegen geprägt, verändert oder angepaßt wurden.

Verweilen Sie eine Zeitlang bei dieser Erfahrung Ihrer selbst als Edelstein im Boden. Erinnern Sie sich an Zeiten, die für Sie schmerzlich waren oder in denen Sie zu kämpfen hatten, weil man schlecht mit Ihnen umgegangen ist; rufen Sie sich aus Ihrer Vergangenheit Anlässe in Erinnerung, bei denen man achtlos über Sie und Ihre Bedürfnisse hinweggegangen ist. Erspüren Sie die Schwingungen der Schritte, mit denen man über Sie hinweggeht.

Dann merken Sie, wie sich in der Entfernung etwas anderes über Ihnen bewegt. Christus wandert über die Felder, wie Er das gerne tut. Überall, wo Er hinblickt, sieht Er Schönes. Sie bleiben verborgen, tief in der Erde, aber Sie spüren, wie in Ihnen eine überwältigende Sehnsucht aufsteigt, nämlich die Sehnsucht, von Christus erkannt und geliebt zu werden. Jetzt spüren Sie, daß die Schwingungen Seiner Schritte über Ihnen sind, und Sie erkennen, daß Christus genau an der Stelle steht, an der Sie im Boden versteckt sind. Sie wagen gar nicht mehr zu atmen. Sie beten, daß Er auf Sie aufmerksam werden möge. Dann aber, wie es auch in der Liebe vielleicht oft geschieht, spüren Sie, wie Er sich entfernt. Sie können diese Enttäuschung kaum ertragen. Er geht rasch weg, sucht die nächste Stadt auf, verkauft alles, was Er in Seiner Zimmermannswerkstatt hat und kauft genau das Stück Land, in dessen Boden Sie stecken. Denn auch Jesus hat große Sehnsucht. Er hat gespürt, daß in diesem Flecken Erde etwas ganz besonders Schönes steckt; Er hat etwas von Ihrer Schönheit, Ihrer Kraft, Ihrem Geist verspürt. So kommt Er an die Stelle zurück, an der Sie versteckt sind, und ganz behutsam beginnt Er die Erde aufzugraben und kommt Ihnen immer näher. Er arbeitet sorgfältig, denn er möchte Sie nicht erschrecken oder beschädigen. Schließlich hebt er Sie sanft aus Ihrem Versteck heraus, nimmt Sie in seine Hände und schaut Sie an. Sein Herz wendet sich Ihnen zu. Er kennt Ihre Vergangenheit, kennt alle Ihre Seiten, weiß alles von Ihnen. Er hat jetzt nur den einen Wunsch, Sein Dasein ganz mit Ihnen zu teilen. Er sagt Ihnen, wie sehr Er Sie liebt… Was genau Er in Ihnen sieht… Warum Er alles hingegeben hat, damit Sie sein Eigentum werden können. Hören Sie Ihm einfach zu, wenn Er Ihnen sagt, wie sehr Er Sie schätzt. Er erinnert Sie an viele Eigenschaften als Kind, denn einige dieser Eigenschaften haben Sie immer noch. Wenn Sie irgendeinen Widerstand dagegen empfinden, Seine Worte aufzunehmen, ist das nicht schlimm, denn Er weiß, daß Sie vielleicht etwas verwirrt sind oder Selbstzweifel haben. Vielleicht wollen Sie sich jetzt ein wenig Zeit nehmen, um sich bei Jesus für die Zeit und die Mühe zu bedanken, die Er für Sie aufgewendet hat. Dann schließen Sie die Übung langsam ab.

7

Mit der Heiligen Schrift beten

C. G. Jung hat gesagt: „Erst wenn man sich selbst mit all seinen Mängeln annimmt, kann man zu wachsen anfangen." Anthony de Mello hat diesen Satz bei seinen Seminaren oft zitiert. Wenn wir uns selbst kennen und annehmen, sind wir zur Veränderung bereit. Aber manche Menschen hören diese Botschaft nicht gern. Es ist tatsächlich nicht die Art Botschaft, die uns spontan einfällt, wenn wir an die Missionspredigten und Exerzitien zurückdenken, die wir vielleicht in unserer Jugend erlebt haben. Es würde uns vielleicht verblüffen, Anthony sagen zu hören: „Die Leute lassen sich nicht gern sagen, daß sie in Ordnung sind; auch Sie selbst verspüren tief in Ihrem Inneren einen Widerstand dagegen." Diese Aussage bringt einiges durcheinander. Wenn sie stimmt, ist sie bestürzend. Lassen wir diese Botschaft nämlich wirklich zu, dann können ihre Folgen für unser spirituelles Leben, unsere Psyche und unsere Gefühle sehr vielgestaltig sein.

Ich erinnere mich in diesem Zusammenhang an einen meiner Mitschüler namens David, der bei Klassenarbeiten regelmäßig das Schlußlicht bildete. Er schien nichts richtig machen zu können. Im Sport war er nicht gut, er war mager und hoch aufgeschossen, und alles, was er zu können schien, war, sich öfter als alle anderen beim Rauchen auf dem Klo erwischen zu lassen. Im fünften Jahr sah der Lehrplan Diskussionsübungen vor, und es sollten sich Freiwillige für die erste Diskussionsrunde melden. David meldete sich sofort, und das Ergebnis war verblüffend. Sein erster Anlauf war mittelmäßig, aber er wurde durchaus gelobt. Woche um Woche meldete er sich sofort für jede Diskussionsrunde, die angesetzt wurde, und im Laufe der Zeit bekam er so große Übung, daß er immer besser wurde. Zuerst bekam er nach den Diskussionen nur Kommentare zu hören wie, er sei „gar nicht schlecht" gewesen, und dann, er habe „sich ziemlich gut geschlagen". Daraus wurde schließlich: „Mensch, du hast ein sagenhaftes Talent zum Diskutieren!" David hatte ein Gebiet gefunden, auf dem er glänzen konnte und gelobt wurde. Von da an wuchs sein Selbstvertrauen sprunghaft. Nach der ersten Hälfte des fünften Schuljahrs war er bereits ein ganz anderer Schüler. Sein Glaube an sich selbst war infolge der Anerkennung, die er erfuhr, derart gewachsen, daß seine Noten sich rapide verbessert hatten. Er hatte darüber hinaus genügend Selbstvertrauen erworben, um sich mit einem lebhaften Mädchen anzufreunden, und insgesamt strahlte er ein ganz neues Selbstbewußtsein aus. Auch in der Folge ging es mit ihm steil aufwärts. Dadurch, daß er etwas gefunden hatte, bei dem er gut war und wofür er Beifall erhielt, hatte sich sein Leben von Grund auf verändert.

John Holt führt in seinem Buch *Why Children Fail* zahlreiche weitere Beispiele dieser Art an. Auch A. S. Neill bezeugt aus der Arbeit in Summerhill, einer speziellen Schule für gestörte Kinder, die gleiche Beobachtung. Menschen, die Anerkennung und Lob erfahren, erbringen viel bessere Leistungen. So ist es eigentlich gar nicht anders zu erwarten, daß auch Jesus uns Ermutigung und Anerkennung schenkt, damit wir zu reifen Menschen heranwachsen können.

In den Evangelien sehen wir immer wieder, wie Jesus die Menschen ermutigt – etwa die Frau, die beim Ehebruch ertappt wurde, oder taub oder lahm geborene Menschen. Er möchte uns wissen lassen, daß er uns in jedem Fall dabei unterstützt, innerlich zu wachsen.

Während ich bete, kommen mir vielleicht vor allem Fragen bezüglich meines Wachstums. Werde ich reifer? Habe ich ein offenes Herz, bin ich zum Staunen bereit? Werde ich lebendiger, flexibler, kreativer, aufgeschlossener, bin ich weniger reserviert? Bin ich wie Jesus vor allem darauf aus, den Willen des Vaters zu erfüllen? Die Heilige Schrift kann uns diesbezüglich eine große Hilfe sein.

Sehen wir also, wie wir die Heilige Schrift nutzen können und wie wir mit ihr sinnvoll Zeit verbringen können. Anthony de Mello allerdings warnte seine Zuhörer immer auch davor, die Heilige Schrift zu mißbrauchen: Sie sei im Laufe der Jahrhunderte dazu verwendet worden, den Menschen viel Gutes, aber auch viel Schlimmes anzutun. In verschiedenen Teilen der Welt könne man sehen, welches Leid Menschen einander unter Berufung auf „Heilige Schriften" zufügen können. Das habe auch in unserer Zeit schon zu schrecklichen Verirrungen und zahlreichen Grausamkeiten geführt. Wenn wir also nach der Bibel greifen, kann es durchaus sinnvoll sein, sich vorzustellen, daß auf den Umschlag die Anweisung „Vorsicht bei der Handhabung" gestempelt sei.

Was können wir tun, um die Heilige Schrift nicht mißzuverstehen? Anthony erzählte dazu eine Geschichte aus einer während des Krieges besetzten Kleinstadt. Der Kommandeur der Besatzungstruppe kam zum Bürgermeister und sagte: „Sie halten einen Deserteur versteckt. Geben Sie ihn binnen sieben Tagen heraus, oder wir treffen harte Strafmaßnahmen."

In dieser Kleinstadt wurde tatsächlich ein Mann versteckt, der gut und unschuldig zu sein schien und allgemein beliebt war. Stadtrat, Bürgermeister und Pfarrer kamen zu Beratungen zusammen. Sie erbaten Gottes Hilfe, um dieses Dilemma lösen zu können. Schließlich kamen sie zu dem Schluß, das beste sei es, den Flüchtigen auszuliefern. „Es ist besser, ein Mensch stirbt, und das ganze Volk wird gerettet."

Jahre danach kam ein Prophet an diesen Ort und sagte zu den Leuten: „Was habt ihr getan? Vor zwanzig Jahren hat Gott eurem Land einen Retter geschickt, aber ihr habt ihn ausgeliefert, so daß er gefoltert und getötet wurde."

„Was hätten wir anderes tun können?" wandte der Bürgermeister ein. „Der Pfarrer und ich schauten in die Heiligen Schrift nach und befolgten, was darin steht."

„Das war euer Fehler", sagte der Prophet. „Ihr habt in die Heilige Schrift geschaut, als ihr in seine Augen hättet schauen sollen." Wenn Sie also die Heilige Schrift lesen, bewahren Sie sich Ihr mitfühlendes Herz und Ihren gesunden Menschenverstand. Saint-Exupéry läßt in seinem Buch *Der Kleine Prinz* den Fuchs sagen: „Man sieht nur mit dem Herzen gut." Um die Heilige Schrift richtig zu verstehen, muß man sie mit dem Herzen hören.

Erste Übung

Vor einigen Jahren hatte ich mich zum Meditieren in die schöne Landschaft von Connemara zurückgezogen. Am sechsten Tag merkte ich, daß mich eine intensive Stille überkam. Schon kleine Abschnitte der Heiligen Schrift konnten mir einen reichen Sinn erschließen. Ich betrachtete die Passion Jesu, und im Laufe dieses sechsten Tages beschäftigte mich immer wieder ein Satz aus dem Evangelium: „Herr, auch wenn alle dich verlassen, ich verlasse dich nie." Am siebten Tag war ich erneut mit nur einem Satz voll beschäftigt: „Und sie rannten alle weg." Ich fügte hinzu: „Und auch ich." In zwei langen Tagen nur zwei Sätze. Anthony de Mello legte uns diese Art und Weise, mit der Heiligen Schrift zu beten, sehr ans Herz. Vielleicht möchten Sie es selbst versuchen. Lassen Sie sich von den Evangelien ins Schweigen hineinführen und dann ins Verstehen. Lassen Sie ein Wort oder einen Satz in Ihrem ganzen Wesen widerhallen, so daß er Sie ganz und gar durchdringt. Eine Abwandlung dieser Art zu beten ist die Gebetsweise der Benediktiner. Dabei handelt es sich um eine Form des mündlichen Gotteslobs, das Geist, Herz und Körper einsetzt und uns bis in mystische Höhen erheben kann.

Wählen Sie dazu den Vers aus dem Johannesevangelium 7,37: „Am letzten Tag des Festes, dem großen Tag, stellte sich Jesus hin und rief: Wer Durst hat, komme zu mir und trinke."

Sprechen Sie diese Worte laut. Lassen Sie sie tief in Ihr Herz eindringen. Vielleicht bringt ein bestimmtes Wort, eine Formulierung in Ihnen eine Saite zum Schwingen. Sagen Sie dieses Wort in Form eines Mantra vor sich hin. Etwa: „Wer Durst hat"; lassen Sie das immer tiefer in sich einsinken. Denken Sie nicht über seinen Sinn nach, sondern nehmen Sie es mit Ihrem ganzen Wesen auf. Wenn Sie das Gefühl haben, dies lang genug getan zu haben, beschäftigen Sie sich schweigend oder laut sprechend mit diesem Wort. „Wer Durst hat" ... „Meinst du das wirklich, Herr? Könnte es sein, daß du wirklich mich damit meinst?" Oder: „Herr, ich bin enttäuscht, denn ich habe das Gefühl, ich bin schon so oft zu dir gekommen, ohne daß du da zu sein schienst." Oder: „Ja, Herr, ich bin schon öfter zu dir gekommen. Ich weiß, du hast mir immer wie-

der deine Gnade geschenkt. Dafür möchte ich dir danken."
Am Anfang kommen Ihnen vielleicht solche Sätze, aber
später werden Ihre Antworten wahrscheinlich tiefer und
gehaltvoller, und Sie brauchen gar keine Worte mehr, um
sie zum Ausdruck zu bringen. Verweilen Sie in diesem
Schweigen, solange es Ihnen gut tut.

Diese Methode läßt sich auch für eine Schriftbetrach-
tung über Jesu Einsetzung der Eucharistie anwenden
(Matthäus 26, 26): „Während des Mahls nahm Jesus das
Brot und sprach den Lobpreis; dann brach er das Brot,
reichte es den Jüngern und sagte: Nehmt und eßt; das ist
mein Leib." Verweilen Sie bei diesen Worten. Lassen Sie
sie tief in sich einsinken und nehmen Sie ihren Sinn voll in
sich auf. Kardinal Basil Hume erzählt eine eindrucksvolle
Geschichte über den Besuch eines Flüchtlingslagers in
einem vom Krieg zerrissenen Land. Als er mit seiner Begleitung durch das Lager ging, kam ein kleiner Junge zu
ihm her und ergriff fest seine Hand. Der Kardinal berichtet,
während des ganzen Besuchs habe dieser kleine Junge seine
Hand nicht mehr loslassen wollen. Es stellte sich heraus,
daß er erst an diesem Morgen ins Lager gekommen war und
vor kurzem im Krieg beide Eltern verloren hatte. Am Ende
seines Besuchs wollte der Kardinal den Zug zur Abfahrt be-
steigen, aber es war ihm fast unmöglich, sich dem Griff des
Jungen zu entziehen. Der hatte an ihm einen Beschützer
gefunden. Den ganzen Tag lang hatte er sich an die Hand
geklammert, die ihm Sicherheit geboten hatte, und mit seiner anderen Hand hatte er sich immer wieder einmal den
Magen gerieben. Dieses Kind zurücklassen zu müssen, sei
einer der traurigsten Augenblicke seines Lebens gewesen.
Später meinte der Kardinal, der Junge habe eindrucksvoll
genau auf die beiden wesentlichen Grundbedürfnisse des
Menschen hingewiesen: Einen Menschen zu haben und

etwas zu essen zu haben. Diese beiden Geschenke habe uns Jesus bei seinem Letzten Abendmahl gemacht.

Meditation
Das Hochzeitsfest zu Kana

1. Schritt:

Machen Sie es sich an Ihrem Gebetsplatz bequem und bereiten Sie sich auf das Gebet vor, indem Sie auf Ihren Atem achten.

2. Schritt:

Lesen Sie langsam eine Bibelstelle durch. Etwa Johannes 2, 1–10: „Am dritten Tag fand in Kana in Galiläa eine Hochzeit statt, und die Mutter Jesu war dabei. Auch Jesus und seine Jünger waren zur Hochzeit eingeladen. Als der Wein ausging, sagte die Mutter Jesu zu ihm: Sie haben keinen Wein mehr. Jesus erwiderte ihr: Was willst du von mir, Frau? Meine Stunde ist noch nicht gekommen. Seine Mutter sagte zu den Dienern: Was er euch sagt, das tut! Es standen dort sechs steinerne Wasserkrüge, und Jesus sagte zu den Dienern: Füllt die Krüge mit Wasser! Und sie füllten sie bis zum Rand. Er sagte zu ihnen: Schöpft jetzt, und bringt es dem, der für das Festmahl verantwortlich ist. Sie brachten es ihm. Er kostete das Wasser, das zu Wein geworden war. Da ließ er den Bräutigam rufen und sagte zu ihm: Jeder setzt zuerst den guten Wein vor und erst, wenn die Gäste zuviel getrunken haben, den weniger guten. Du jedoch hast den guten Wein bis jetzt zurückgehalten."

Verweilen Sie eine Zeitlang bei dieser Szene. Dann können die folgenden oder ähnliche Fragen vielleicht allmählich Ihr Gebet anregen:

- Herr, wann und wo war ich in einer ähnlichen Lage?
- Kann ich mich an Situationen aus dem letzten Jahr erinnern, wo ich Nahrung gebraucht hätte und mich von dir verlassen fühlte?
- Warst du damals in Wirklichkeit genauso da wie seinerzeit in Kana?
- Haben mir die Hartnäckigkeit und der Glaube deiner Mutter gefehlt?
- Hatte ich den festen Glauben, daß du tatsächlich etwas für mich tun würdest?
- Hatte ich wie deine Mutter den Mut, dir meine Hoffnungen und Erwartungen vorzutragen?
- Als du mich so wie die Diener zum Handeln auffordertest, habe ich da Schritte unternommen, um mir selbst zu helfen, auch wenn ich nicht verstand, wozu du mich da aufforertest?
- Und als du schließlich eingriffst, habe ich das gemerkt, darauf reagiert und dir dafür gedankt?

Imaginationsübung
Der Rosenbusch

Setzen Sie sich bequem hin und schließen Sie die Augen. Wenden Sie Ihre Aufmerksamkeit von den äußeren Dingen ab und achten Sie darauf, was in Ihrem Inneren vorgeht. In welchen Teilen Ihres Körpers fühlen Sie sich noch unbequem? Versuchen Sie zu spüren, welche Körperteile Ihnen zu Bewußtsein kommen. Wenn Sie einen verspannten Bereich Ihres Körpers fühlen, versuchen sie, die Spannung darin loszulassen. Jetzt konzentrieren Sie Ihre Aufmerksamkeit auf Ihren Atem und fühlen Sie, wie die Luft durch Ihre Nase und Ihren Mund herein- und hinausstreicht. Spüren Sie, wie er durch Ihre Kehle nach unten zieht und in Ihre Bauchhöhle wandert. Beim Ausatmen lassen Sie mit Ihrem Atem alle Spannungen entweichen, die sich vielleicht in Ihrem Körper aufgebaut haben. Jetzt werden Sie sich aller Gedanken oder Ablenkungen bewußt, die Ihnen in den Sinn kommen mögen. Worum kreisen Ihre Gedanken? Wie sehen sie aus? Jetzt stellen Sie sich vor, Sie füllen alle diese Gedanken und Ablenkungen in ein Marmeladenglas und sehen sie genau an. Dann leeren Sie in Ihrer Phantasie langsam das Glas. Lassen Sie dabei alle Gedanken und Ablenkungen aus Ihrem Inneren wegfließen.

Jetzt stellen Sie sich in Ihrer Phantasie lebhaft vor, Sie wären ein Rosenbusch. Werden Sie ein Rosenbusch, und versuchen Sie möglichst deutlich nachzuempfinden, wie das ist, ein solcher Busch zu sein. Lassen Sie dabei Ihrer Phantasie freien Lauf, und sehen Sie, was Ihnen einfällt, wenn Sie sich vorstellen, eine derartige Pflanze zu sein. Was für eine Art von Rosenbusch sind Sie? Wo wachsen Sie? Wie sehen Ihre Wurzeln aus, und in welcher Art von Boden stecken Sie? Vielleicht stehen Sie in einem Garten oder einsam auf einem Hügel. Stehen Sie allein da, oder sind Sie von anderen Büschen umgeben? Was erfahren Sie, und was geschieht, wenn sich die Jahreszeiten abwechseln? Erkunden Sie immer weitere Einzelheiten über Ihr Dasein als Rosenbusch: Wie fühlen Sie sich mit Ihrem Leben? Was geschieht mit Ihnen? Lassen Sie eine ganze Zeitlang Ihrer Phantasie freien Lauf.

Nach Abschluß dieser Imaginationsübung entdecken Sie vielleicht Aspekte Ihrer selbst, die Sie nicht erkannt hätten oder nicht hätten sehen wollen, wenn Sie sich direkt diesen Fragen gestellt hätten. Vielleicht hat Sie die Vorstellung betroffen gemacht, allein im Leben dazustehen, oder die Tatsache, daß Ihre Dornen die anderen abschrecken oder daß Sie Nahrung aus dem Boden brauchen; oder Ihnen sind deutliche Einsichten über die Gruppe oder Gemeinschaft gekommen, in der Sie leben. Manche Menschen haben nach dieser Übung schon berichtet, mühsame Zeiten, wie etwa der Winter, die ihnen bislang unfruchtbar vorgekommen seien, hätten ihnen in Wirklichkeit das Ausruhen ermöglicht. Dadurch seien sie wieder zu Kräften gekommen und hätten dann im Frühjahr neue Zweige und Blätter treiben können. Andere berichteten, die winterlichen Schneefälle, von denen sie fast erstickt worden seien, hätten sich in Wirklichkeit als reinigende Kraft erwiesen. Sie hätten welkes Laub und wucherndes Unkraut zu Boden gedrückt und dadurch schädigende Elemente aus ihrer Umgebung entfernt. Während dieser Übung können Ihnen viele solche Einsichten kommen. Wenn Sie damit fertig sind, können Sie entweder allein für sich noch einmal darüber nachdenken, oder Sie können sich mit anderen darüber austauschen. Erzählen Sie den anderen von Ihren Phantasievorstellungen in der Gegenwartsform, so, als geschehe es jetzt. Zum Beispiel: „Ich bin eine einsame Rose. Ich wachse allein an einem Hang. Ich verströme meine Schönheit und meinen Duft, ohne daß es jemand merkt." Oder: „Ich wurzle an einer dicht bewachsenen Stelle. Um mich sind viele andere Rosenbüsche. Ihr Duft ermutigt mich, auch mich selbst zum vollen Aufblühen meiner Möglichkeiten zu entfalten."

■ 8 ■

Beim Beten die Vorstellungskraft
einsetzen

Wer die Geistlichen Exerzitien des heiligen Ignatius von
Loyola kennt, wird sich erinnern, daß es dort bei der Be-
trachtung biblischer Szenen immer wieder darum geht,
„den Raum zu sehen". Ignatius will also, daß man vor seinem geistigen Auge den Ort entstehen läßt, an dem das zu
betrachtende Ereignis stattfindet. Bei diesem „den-Raum-
Sehen", wie es im spanischen Text formuliert ist, geht es
nicht nur darum, sich die Szene auszumalen, sondern auch
um den Versuch, sich selbst mit Hilfe seiner Vorstellungskraft in die Rolle eines Betrachters der Szene hineinzu-
versetzen. Wenn man auf diese Weise seine Phantasie einsetzt, fühlt man sich oft erfrischt und gestärkt, weil man
nicht nur die Begebenheit, die man betend betrachtet,
deutlich vor dem inneren Auge hat, sondern auch die Gefühle empfindet, die mit der Begebenheit verbunden sind.
Natürlich hat man nicht erst in unserem Jahrhundert damit angefangen, die Vorstellungskraft zu nutzen. Platon
stellte sich intensiv das Dasein in einer Höhle vor und
zeichnete das Ergebnis in seinem berühmten „Höhlen-
gleichnis" auf. Jesus führte Seinen Jüngern immer wieder
imaginäre Szenen vor Augen. So forderte Er seine Zuhörer
zum Beispiel auf, sich eine arme Frau vorzustellen, die
eine wertvolle Münze verliert und das ganze Haus auf den
Kopf stellt, um sie wieder zu finden. Danach erklärte Er,
genauso verhalte sich der allmächtige Gott gegenüber
einer verlorenen Seele. In der Kirche hat der Einsatz der

Imaginationskraft eine lange Tradition. Viele Heilige haben sich ihrer Vorstellungskraft bedient. Wir müssen nur an Teresa von Avila denken, die Jesus in Seiner Todesangst nacherlebte, an Franz von Assisi, der mit dem Gekreuzigten eins wurde, oder an den heiligen Antonius von Padua, der mit dem Jesuskind spielte. Das zeigt, daß wir uns Christus mit Hilfe unserer Imaginationskraft vergegenwärtigen können, und genau wie den Heiligen hilft das auch uns dabei, mit unserem tiefsten Selbst in Kontakt zu kommen. Wir leben in zwei Welten: in der Welt, die wir mit unseren äußeren Sinnen wahrnehmen, und in der Welt der Bilder oder Phantasie bzw. Imagination. Der Kontakt mit der Wirklichkeit erfolgt nicht nur durch unsere äußeren Sinne – auch Bilder und Imaginationen können uns wichtige Wahrheiten offenbaren. Sie können uns Einsichten über uns selbst vermitteln, die wir auf andere Weise gar nicht wahrnehmen könnten, weil sie für uns zu schmerzlich wären. Wir können also genau wie Jesus und die Heiligen mit Hilfe unseres Vorstellungsvermögens wichtige Erkenntnisse gewinnen. Wenn wir beim Gebet ganz auf unsere Imagination verzichten, schränken wir uns selbst ein. Die moderne Physik lehrt, daß die Welt ganz anders aussieht, als unsere Sinne sie uns darstellen. C. G. Jung hat gesagt: „Laßt die Menschen mit ihren Phantasien in Kontakt kommen, und ihr könnt sie heilen." Anthony de Mello hat uns deutlich gemacht, was für verblüffende Dinge uns widerfahren können, wenn wir uns selbst loslassen – und dabei natürlich darauf achten, rein Vorgestelltes von sinnenhaft Wirklichem zu unterscheiden. Er erzählte von seiner Arbeit mit einer Gruppe junger Jesuitenstudenten in Indien. In der Gruppe war ein junger Mann mit einem versteinerten Gesicht, den seine Gefährten nicht besonders mochten. Anthony machte mit der Gruppe eine Imaginationsübung. Den besagten jungen Mann bat er, sich vorzustellen, er würde zu einem Bergfluß. Später beschrieb der Betreffende, er habe sich zunächst nur als einen ziemlich kleinen Bergbach empfinden können. „Doch nach und nach wurde ich größer, wurde immer stärker, stürzte die Hänge hinunter und rauschte als Wasserfall über Felsen. Schließlich floß ich als breiter Strom dem Meer zu. Kinder kamen und spielten an meinen Ufern. Ich kam an Stellen voller Blumen, die mir viel Freude machten. Ich wußte, daß diese Blumen als Geschenk für mich gedacht waren, und ich begann sie entsprechend zu behandeln." Anthony wies darauf hin, daß sich kurz nach dieser Übung das Verhalten dieses Studenten den anderen gegenüber deutlich veränderte. Wir alle tragen in uns positive Bilder, die eine tiefgreifende Wirkung auf uns haben können. Wenn es uns gelingt, mit diesen Bildern in Berührung zu kommen, sind wir nach einer Erfahrung wie der gerade beschriebenen nicht mehr dieselben wie zuvor. Dieses Imaginieren erweist sich als einfache und sehr leichte Form des Gebets, wenn man sich zunächst in Gottes Gegenwart versetzt und dann darin bleibt. Um uns besser verstehen zu helfen, wie das Gebet beim Imaginieren wirkt, gab uns Anthony die folgende Übung:

Versetzen Sie sich für diese Übung zeitlich zurück an den Ort Ihrer Geburt. Von der Geschichte wurde dieses Ereignis genauso vorbereitet wie die Geburt Christi. Stellen Sie sich zunächst vor, wie Ihre Eltern ausgewählt wurden und wie ihre beiden Charaktere sich gegenseitig ergänzten. Sprechen Sie mit Gott darüber, warum Er gerade diese beiden Menschen zusammenführte, um Ihnen das Leben zu schenken. Christus kam mit einer bestimmten Botschaft in die Welt. Was ist Ihre Botschaft? Bitten Sie Gott, Er möge ihnen helfen, genauer Ihre Botschaft zu erkennen.

Vielleicht hilft Ihnen ein Wort oder ein Bild dabei, diese Botschaft zu formulieren. Blicken Sie auf die großen und auf die kleinen Ereignisse Ihres Lebens zurück und danken Sie Gott dafür. Schauen Sie mit Erwartung und Bereitschaft voraus, und sagen Sie „Ja". Bei Jesus Christus sangen die Engel und freuten sich. Haben Sie den Gesang der Engel angesichts Ihrer Geburt gehört?

Manchen Menschen fällt es sehr leicht, in ihr Gebet solche Vorstellungen einzubeziehen. Andere tun sich damit schwerer. Bei Exerzitien und Gebetsseminaren gibt es immer eine Reihe Teilnehmer, die von sich sagen, sie schafften es kaum, überhaupt irgendwelche Bilder in ihrer Phantasie heraufzubeschwören. Oder unsere Phantasien sind ziemlich schwach. Beim Versuch, unser gesamtes Selbst in Einklang mit „der Wahrheit" zu bringen, kann es darüber hinaus sein, daß wir zwar die Dinge so sehen können, wie sie sind, aber Schwierigkeiten damit haben, uns mit unserer Phantasie auf sie einzustimmen. Gibt es also irgendwelche Tips dafür, die Phantasie einzusetzen?

Als Anfangsübung könnten Sie einfach einmal aus dem Fenster schauen. Was haben Sie gesehen? Vielleicht einen Baum? Schließen Sie jetzt die Augen, und schwingen Sie in Ihrer Phantasie über den Baum einen Zauberstab. Verändern Sie ihn in Ihrer inneren Vorstellung. Verwenden Sie beim Verändern dieses Bildes nicht Ihren Verstand, sondern lassen Sie Ihrer Vorstellungskraft freien Lauf. Nach einiger Zeit werden Sie sich ein bestimmtes Bild von der Szene draußen machen können. Wir können die Vorstellungskraft dazu einsetzen, Gefühle zu verändern, die sich in uns durch Ereignisse der Vergangenheit aufgebaut haben. Nehmen Sie zum Beispiel ein Ereignis aus Ihrer Vergangenheit, bei dem Sie das Gefühl hatten, daß Ihnen Unrecht getan wurde. Vielleicht haben Sie das Gefühl, daß einige Jahre Ihres Lebens oder Ihrer Arbeit von niemandem richtig zu schätzen gewußt wurden. Etwas ist schiefgelaufen. Versuchen Sie herauszufinden, was das gewesen sein könnte. Wann genau begann sich dieses Gefühl der Entmutigung einzustellen?

„Erst so in den letzten vier, fünf Jahren."

„Geschah damals irgend etwas Besonderes?"

„Na ja, mein Vorgesetzter versetzte mich an eine Stelle, für die ich mich ungeeignet fühlte und die ich gar nicht übernehmen wollte." Und so gehen Sie immer weiter zurück. Ergründen Sie, über welche Dinge Sie immer noch wütend sind. Versuchen Sie zu verstehen, wodurch die Gefühle der Wut ausgelöst wurden. Die Art und Weise, wie wir bestimmte Erlebnisse einschätzen, beeinflußt uns stark. Wenn wir es schaffen, unsere Wahrnehmung eines früheren Erlebnisses zu verändern, können wir auch unsere Gefühle darüber verändern. Anthony de Mello machte uns das mit der folgenden Geschichte klar: Ein Mann ging in ein Lokal, um sich ein richtig gutes Essen zu gönnen. Er hatte sich schon den ganzen Tag darauf gefreut. Er setzte sich, studierte die Speisekarte und wählte als Vorspeise eine Tomatensuppe. Auf Tomatensuppe hatte er schon den ganzen Tag Appetit gehabt. Der Ober erklärte ihm, leider sei die Tomatensuppe ausgegangen, aber drei oder vier andere Suppen seien zu haben. Anthony erklärte, damit habe der Mann vor einer wichtigen Entscheidung gestanden. Er hätte entweder enttäuscht und wütend über die Mängel des Lokals werden und sich durch diese kleine Panne den gesamten Abend verderben lassen können; oder er hätte sich sagen können: „Das macht nichts, meine zweite Wahl schmeckt mir genauso gut wie die erste", und damit hätte er dafür gesorgt, daß der Ausfall einer Tomatensuppe ihm nicht den ganzen Abend verdarb.

Versuchen Sie also, Ihre Vorstellungskraft einzusetzen, und Sie werden feststellen, daß sie eine hervorragende Einführung in die Kontemplation und Meditation ist. Bei Exerzitien für Schüler und auch für Erwachsene setze ich immer Imaginationsübungen ein. Zunächst komme ich mir damit immer etwas komisch vor, aber ich habe festgestellt, daß fast alle Gruppen, darunter auch Erwachsene, Abiturienten, Priester und Lehrer, von diesen Übungen profitieren konnten. Die meisten Menschen genießen es, ihrer Phantasie freien Lauf lassen zu dürfen.

Imaginationsübung
Das Lied des Vogel

Führen Sie eine der eingangs beschriebenen Stilleübungen durch und werden Sie sich Ihres Atems bewußt. Wenn Sie spüren, wie es in Ihnen still wird, stellen Sie sich lebhaft vor, Sie wären ein singender Vogel, der sich an einem Ihrer Lieblingsplätze aufhält.

Abschnitt A:

- Welche Art Vogel sind Sie? Haben Sie ein leuchtend buntes Gefieder, oder sind Ihre Federn eher eintönig gefärbt? Gefällt Ihnen Ihr äußeres Aussehen?
- Hören Sie auf Ihr Lied. Gefällt es Ihnen?
- Wo leben Sie? In einem Nest, auf einem Baum, auf einem Dachgiebel oder sonstwo?
- Fliegen Sie viel umher? Wie hoch fliegen Sie?
- Was gefällt Ihnen am meisten daran, ein Vogel zu sein?

Abschnitt B:

- Stellen Sie sich vor, Sie sind mit anderen Vögeln zusammen. Sind viele andere Vögel da? Gehören Sie derselben Art an wie sie, oder sehen Sie anders aus?
- Fliegen Sie gern im Schwarm oder lieber allein?
- Welche Botschaften geben Sie diesen anderen Vögeln oder erhalten Sie von ihnen?
- Wie reagieren die anderen Vögel auf Sie?
- Lassen Sie sich Zeit, um genau zu erspüren, wie Sie sich unter diesen Vögeln fühlen.

Abschnitt C:

- Sehen Sie sich selbst jetzt wieder als Vogel an Ihrem Lieblingsplatz an einem herrlichen Sommertag. Hören Sie auf den Sie umgebenden Vogelgesang. Was tun Sie an diesem idyllischen Tag? Kosten Sie Ihre Freiheit, Frische und Freude.

Abschnitt D:

- Nach einiger Zeit kommen einige Kinder an den Ort, an dem Sie sich gerade aufhalten.
- Wie ist Ihre erste Reaktion darauf? Sagen die Kinder irgend etwas zu Ihnen oder über Sie? Was sagen Sie?
- Machen sie irgend etwas mit Ihnen? Sind sie behutsam oder grausam?
- Fliegen Sie weg, oder singen Sie den Kindern etwas vor?

Abschnitt E:

- Lassen Sie es nach einiger Zeit zu, daß eines der Kinder Sie fängt und Sie in seiner Hand hält. Was tut das Kind mit Ihnen? Genießen Sie das, oder würden Sie lieber allein durch die Luft fliegen?

Abschnitt F:

- Das Kind befestigt an einem Ihrer Beine eine Schnur, hält diese am anderen Ende fest und läßt Sie sich bewegen. Was für ein Gefühl haben Sie, wenn Sie jetzt so angebunden sind?
- Versuchen Sie sich zu befreien, oder sind Sie zufrieden damit, angebunden zu sein?

Abschnitt G:

- Kommen Sie jetzt langsam zu sich selbst als Mensch zurück, und überdenken Sie, was Sie während dieser Übung erlebt und wie Sie reagiert haben.
- Vergleichen Sie Ihr vorgestelltes Leben als Vogel mit Ihrem Alltagsleben als Mensch. Gibt es Ähnlichkeiten zwischen beiden? Wo liegen Unterschiede?
- Bleiben Sie noch eine Weile in Ihrem tiefsten Selbst, und achten Sie darauf, wo Sie sich ändern oder wachsen oder freier sein möchten.

Unterscheiden lernen:
Gott in allen Dingen finden

In der Spiritualität des heiligen Ignatius von Loyola, auf der das Denken von Anthony de Mello ein gutes Stück beruht, spielt die Unterscheidung eine ziemlich große Rolle. Dieser Begriff der „Unterscheidung" ist vom griechischen Wort *diakrisis* abgeleitet; das bedeutet das Aussieben oder genaue Einordnen von Dingen. Dabei geht es um mehr als ein kluges Urteil. Unterscheiden zu lernen bedeutet, genau auf die Anregungen und Bewegungen seiner inneren Geistesregungen zu achten und zuzusehen, wie sie sich auf das Herz des Menschen auswirken. Wir beobachten diese „Regungen des Geistes" genau, um beurteilen zu können, welche von ihnen von Gott stammen und welche von einem weniger guten Geist. Auf diese Weise können wir uns auf unserem Weg in die Zukunft zu unseren besten Möglichkeiten anleiten lassen. Die Kunst der Unterscheidung eröffnet die Möglichkeit, das zu erkennen, was Gott von uns will; und mit ihrer Hilfe können wir uns eng an die Absichten und Pläne halten, die Gott mit uns hat. Es ist von entscheidender Bedeutung, den Ruf des Heiligen Geistes in unserem eigenen Inneren zu erkennen. John Carroll Futrell SJ hat gesagt, die Kunst der Unterscheidung helfe uns, den „Weizen" der Antriebe zu liebevollem Handeln von der „Spreu" der Antriebe zu unterscheiden, die uns zu ichbezogenem, nicht-liebevollem Handeln veranlassen. Aus der Heiligen Schrift passen dazu die Worte: „Leben und Tod lege ich dir vor, Segen und

Fluch. Wähle also das Leben, damit du lebst" (Deuteronomium 30, 19), sowie: „Prüft die Geister, ob sie aus Gott sind" (1. Johannesbrief 4, 1).

Wie aber können wir konkret in unserem Alltagsleben erkennen, welche Absichten Gott mit uns hat? In diesem Zusammenhang hat uns Anthony de Mello eine Geschichte aus dem Leben des heiligen Ignatius erzählt. In seiner Jugend hatte Ignatius ein Leben geführt, bei dem er weltlichen Vergnügungen nachging und Ruhm suchte. Schließlich war er bei einer kriegerischen Auseinandersetzung im Dienst seines Gönners am Bein schwer verwundet worden. Seine Gefährten bangten um sein Leben und brachten ihn in sein Schloß nach Loyola zurück, damit er dort wieder gesund gepflegt werden konnte. Ignatius erzählt selbst, daß er während seiner langsamen Genesung seine Zeit mit Phantasien darüber verbracht habe, wie er adelige Damen aus Notlagen befreien und sich so Ruhm und Beliebtheit erwerben könne. Schließlich war er dieser Träumereien leid und ließ sich aus der Schloßbibliothek von Loyola einige Bücher holen. Die Magd fand nichts Besseres als die beiden Bücher der *Nachfolge Christi* und einer *Lebensbeschreibung der Heiligen*. Ignatius erzählt, von da an habe er die Vormittage damit verbracht, sich Träumereien hinzugeben, wie er sich durch ausgefallene Heldentaten großen irdischen Ruhm erwerbe; nachmittags habe er dann immer genug davon gehabt und seine Gedanken darauf verwandt, sich auszumalen, wie er auf ganz ähnliche Weise die Art von Heldentaten für Christus vollbringe, von denen er in der *Lebensbeschreibung der Heiligen* las. Ignatius sagte, als er etliche Monate danach über diesen Abschnitt seines Lebens nachgedacht habe, sei er sehr davon beeindruckt gewesen, wie sehr ihn damals die weltlichen Phantasien fasziniert hätten, ihm aber von dem Moment an „wie Sägemehl im Mund" vorgekommen seien, wo er begonnen habe, sich mit den Heiligenleben zu beschäftigen und sich für sie zu begeistern: Sie seien ihm „wie Honig im Mund" erschienen. Er meinte, Gott sei mit ihm umgegangen wie ein Lehrer mit einem Schulkind umgeht: „Er unterwies mich behutsam." Diese Einsicht bildete die Grundlage für die Lehre von der „Unterscheidung der Geister", die Ignatius dann entwickelte. Er erwarb sich die Fähigkeit, genau unterscheiden zu können, welche Interessensgebiete künftig für ihn fruchtbar sein würden. Dazu gehörte, daß er immer wieder seine bisherigen Erfahrungen gründlich überdachte. Man könnte hier mit T. S. Eliot sagen: „Unser Ausgangspunkt entscheidet über unseren Endpunkt."

Wenn wir uns dafür Zeit nehmen, über unseren ganz persönlichen, einmaligen Glaubensweg und die ihm zugrundeliegenden Muster nachzudenken, können wir daraus einiges über Gottes Absichten mit uns ablesen. Vielleicht können Sie sich an Vorfälle in Ihrem eigenen Leben erinnern, bei denen sich das schon bewahrheitet hat. Ich erinnere mich an eine Begebenheit vor einigen Jahren in Afrika, wo mir ein Jesuitenpriester, mit dem ich seinerzeit zusammenarbeitete, etwas näher die örtliche Kultur erschließen wollte. Er wußte, daß an dem betreffenden Tag in einem etwas weiter entfernten Dorf eine Hochzeit gefeiert wurde. Da er aber an diesem Tag anderweitig verpflichtet war, schlug er mir vor, ich solle sein Motorrad nehmen und allein zu dem Fest fahren, um einmal selbst die Farbenpracht und die Musik zu erleben, die bei solchen Anlässen aufgeboten wurden. „Der Weg dorthin ist einfach zu finden, denn der Pfad von hier bis dort führt abseits der Straßen durch sandiges Buschland, ist aber mit kleinen weißen Stöckchen markiert, die alle paar hundert Meter aufgesteckt sind." Ich machte mich also auf den Weg. Nach seinen Angaben fand ich dank der Stöckchen auch recht gut den Weg und erreichte schließlich kurz vor Sonnenuntergang und rechtzeitig für die Hochzeitsfeierlichkeiten das Dorf. Wie mein Mitbruder richtig vorausgesagt hatte, war das Ereignis tatsächlich sehr beeindruckend und die Fahrt wert. Ja, es war so faszinierend, daß ich gar nicht merkte, wie die Zeit verging. Als ich viele Stunden später auf die Uhr schaute, war es schon sehr spät geworden, und es war stockfinster. Ich befürchtete, daß andere sich Sorgen machen würden, wenn ich nicht zurückkäme, und so machte ich mich mit dem Motorrad an die Heimfahrt. Ich wußte ja, daß ich mich nur an die weißen Stöckchen zu halten brauchte, um sicher an meinen Ausgangspunkt zurückzukommen. Eine Zeitlang ging das auch ganz gut. Aber dann setzte ohne jede Vorwarnung mein Motorrad jäh aus. In meiner Begeisterung für diesen Ausflug hatte ich vergessen zu überprüfen, wie voll der Tank noch war, und jetzt war er leer. Mutterseelenallein in der afrikanischen Landschaft, fing ich an, alle möglichen Geräusche zu hören, echte und eingebildete. Ich hörte Löwen und Tiger – später erfuhr ich, daß es in Afrika gar keine Tiger gibt –, und ich merkte auch, daß das Vorderlicht des Motorrads rasch schwächer wurde, weil die Batterie leer wurde. Der Rest der Nacht war schrecklich. Ich mußte das Licht ausschalten, um Energie zu sparen. Immer wieder knipste ich es kurz an, um das nächste weiße Stöckchen auszumachen und das Motorrad in seine Richtung zu schieben. So arbeitete ich mich langsam voran: Immer, wenn ich bei einem weißen Stöckchen ankam, machte ich kurz Pause, knipste dann das Licht wenige Sekunden an, um das nächste Stöckchen zu erkennen, knipste es wieder aus und schob im Dunkeln in die entsprechende Richtung weiter. Manchmal hatte ich Glück und kam genau an meinen Zielpunkt. Oft aber merkte ich auch, daß ich ihn verfehlt hatte; gelegentlich war ich schon zu weit gegangen, mußte wieder umdrehen, meine Reifenspur nachsuchen und an den letzten Orientierungspunkt zurückgehen. Schließlich gelang es mir tatsächlich, bis zum Dorf meines Mitbruders zurückzufinden. Gerade brach der Morgen an. Ich entsinne mich noch deutlich, wie ich auf den letzten paar hundert Metern meines Wegs über einen hohen Aussichtspunkt kam. Von dort aus konnte ich zurückschauen und ein langes Stück meines Herwegs überblicken. Ich konnte auch genau etliche Stellen wiedererkennen, an denen ich vom Weg abgekommen war.

Beim Unterscheiden schauen wir zurück, um möglichst deutlich ausmachen zu können, in welche Richtung der Weg weitergeht. Gott weiß, wie unsere Welt sein könnte, und Er ermutigt uns, mit anderen in liebevoller Gemeinschaft zu leben. Wenn wir es schaffen, an Gottes Plänen mitzuwirken, indem wir den inneren Anregungen Seines Geistes folgen, dient das unserem eigenen seelischen Frieden. Wir wissen, daß Gott auf vielerlei innere und äußere Weisen zu uns spricht. Im Gebet bitten wir um Seine Führung; wir versuchen dabei zu ergründen, was Gott will. Wir beten im Hinblick auf bestimmte Probleme. Was uns dann in den Sinn kommt und haften bleibt, könnte durchaus eine Antwort Gottes sein.

Bei der Suche nach fruchtbaren Wegen für unsere Zukunft kann es hilfreich sein, jeden Tag gründlich zu überdenken und sich dabei zu fragen, welche Rolle Gott darin gespielt hat. Man kann dabei in den folgenden fünf Schritten vorgehen.

Erstens: Ich werde mir der Anwesenheit Gottes in meinem Leben bewußt. Beim Ein- und Ausatmen nehme ich wahr, wie Gott in mir da ist. Die Luft, die ich atme, ist ein Zeichen dafür, wie nah Gott mir ist.

Zweitens: Ich überdenke meinen Tag und halte fest, wofür ich Gott danken möchte. Ich gehe Stunde um Stunde durch und rufe mir alle Menschen und Ereignisse ins Gedächtnis, alle Augenblicke des Friedens oder der Freude. Ich verweile im Gedanken an Gottes Güte mir gegenüber.

Drittens: Ich versuche mir die Augenblicke in meinem Tageslauf zu vergegenwärtigen, in denen ich mir Gottes Hilfe und Sein Licht wünschte, in denen mir Entscheidungen schwergefallen sind oder in denen ich Kraft von Ihm gebraucht habe.

Viertens: Ich überdenke Phasen dieses Tageslaufs, in denen ich gesündigt oder Fehler gemacht habe. Ich bedaure hier bewußt, wo ich mich falsch verhalten habe, und ich bitte Gott um Vergebung dafür.

Fünftens schließlich: Ich schaue voraus und bete für das, was jetzt auf mich zukommt. Ich bete für die Menschen, denen ich begegnen werde und für die Arbeit, die ansteht. Ich bitte Gott, mich zur richtigen Handlungsweise anzuleiten und mir Klugheit zu schenken, wenn es darum geht, neue Wege einzuschlagen, die sich mir eröffnen. Ich versuche, aus den Stolpersteinen meines Wegs Trittsteine zu machen, über die ich mir meinen Weg bahnen kann.

Es lohnt sich, bei dieser Übung hartnäckig zu bleiben und sie immer wieder durchzuführen. Sie müssen nur lange und laut genug an eine Tür klopfen, und fast sicher wecken Sie jemanden. Bleibt die Tür aber trotz allem fest verschlossen, dann kann das sehr wohl bedeuten, daß Gott für Sie erst weiter vorn am Weg eine offene Tür vorgesehen hat.

Ich schließe ab mit einem Gebet zum Heiligen Geist.

Wenn man versucht, die Absichten Gottes in seinem eigenen Leben zu erkennen, sollte man damit rechnen, auf Widerstände für seine innere Freiheit zu stoßen. Sie mögen noch so schmerzlich sein, man muß sich diesen Widerständen stellen und sich mit ihnen auseinandersetzen. Bei seinen Seminaren hat Anthony de Mello ausführlich über solche Widerstände gesprochen; teilweise seien sie die Folge der Erbsünde, teilweise das Ergebnis unserer individuellen Lebensgeschichte. Nur wenn wir diese Widerstände beseitigten, so sagte er, hätten wir die Möglichkeit, genügend zurückzuschauen, um uns gründlich auf die Zukunft ausrichten zu können. Als erstes und häufigstes Problem, das uns dabei bremst, nannte er die unterdrückte Wut. Wenn jemand „explodiert", zeigt das, wie stark sich in seinem Innern Wut angestaut hatte. Ist man wütend und bringt diese Wut zum Ausdruck, kann man sie unter Kontrolle halten. Die schönsten Blumen brauchen Mist als Dünger. Wenn Sie also Wut empfinden, lassen Sie sie immer zu, und äußern Sie sie auf gesunde Art. Das soll heißen: Gehen Sie sorgfältig damit um. Es kann ungemein hilfreich sein, seiner Wut einmal freien Lauf zu lassen. Das kann in der Form erfolgen, daß Sie allein an einem einsamen Strand spazierengehen und gelegentlich (natürlich wenn niemand in der Nähe ist) laut schreien. So etwas hat eine starke therapeutische Wirkung. Wenn Sie in einem Team arbeiten, kann es ganz entscheidend sein, daß Sie über Ihre Wut und Ihren Ärger sprechen. Das schafft Vertrauen untereinander. Dabei ist es ganz gut, seine Wut nicht im Augenblick eines akuten Anfalls zu äußern, sondern kurz danach, wenn man sich wieder unter Kontrolle hat und sich sachlich äußern kann. Kann man seine Wut auf keine Art zum Ausdruck bringen, so staut sie sich an und wirkt schädigend. So sagen Sie lieber im richtigen Moment: „Das und das an dir macht mich wütend." Eine solche Äußerung kann die Spannung lösen. „Die Sonne soll über eurer Wut nicht untergehen!" (Epheser 4, 26). Anthony de Mello sagte Ähnliches über die Angst. Wenn wir es zulassen, daß sie sich in uns aufstaut, kann sie uns unter Umständen so blockieren, daß wir gar keine konstruktiven Schritte mehr in unserem Leben unternehmen können.

Als ich letztes Jahr in der Nähe von Pearl Harbour beschäftigt war, begegnete ich einem Veteranen, der im Zweiten Weltkrieg den Angriff der Japaner auf Pearl Harbour miterlebt hatte. Er erzählte mir die folgende Begebenheit, die veranschaulicht, wie die Angst unser Leben lähmen kann. Sein linker Arm sei gelähmt gewesen, und man habe ihn an den bekannten Psychologen und Psychotherapeuten Carl Rogers verwiesen, der zusehen sollte, ob sich gegen diese Schädigung etwas machen lasse. Rogers brachte diesen ehemaligen Marineschützen dazu, über seine Kriegserlebnisse zu sprechen: Er berichtete, wie er an jenem verhängnisvollen Sonntagmorgen an Bord seines Schiffes gewesen sei, als die japanischen Flugzeuge plötzlich angriffen. Er eilte zu seinen Geschützen und stellte fest, daß die Bordkanonen in die falsche Richtung eingestellt waren und so gar nicht den sich nähernden Feind beschießen konnten. Im Nacherleben dieser Szene beschrieb er anschaulich, wie er versucht hatte, die Geschütze umzudrehen. Als er das Ereignis lebhaft wiedererlebte, merkte er plötzlich, wie sich sein jahrelang gelähmter Arm wieder bewegen ließ. Seine Angst hatte ihn all die Jahre eingefroren. Jetzt hatte er an die Ursache seiner Angst gerührt, und das hatte ihm geholfen, von ihren Folgen loszukommen.

Evangelienmeditation
Simeon (Lukas 2, 25–32)

„In Jerusalem lebte damals ein Mann namens Simeon. Er war gerecht und fromm und wartete auf die Rettung Israels, und der Heilige Geist ruhte auf ihm. Vom Heiligen Geist war ihm offenbart worden, er werde den Tod nicht schauen, ehe er den Messias des Herrn gesehen habe. Jetzt wurde er vom Geist in den Tempel geführt; und als die Eltern Jesus hereinbrachten, um zu erfüllen, was nach dem Gesetz üblich war, nahm Simeon das Kind in seine Arme und pries Gott mit den Worten: Nun läßt du, Herr, deinen Knecht, wie du gesagt hast, in Frieden scheiden. Denn meine Augen haben das Heil gesehen, das du vor allen Völkern bereitet hast, ein Licht, das die Heiden erleuchtet, und Herrlichkeit für dein Volk Israel."

1. Schritt:

Machen Sie die üblichen Vorbereitungsübungen. Sodann versetzen Sie sich im Geist neben Simeon am Portal des Tempels. Stellen Sie sich die Szene lebhaft vor. Ein alter Mann sitzt hier voller Glauben seit vielen Jahren. Er vertraut darauf, daß Gott ihn nicht sterben läßt, bevor er nicht das Versprechen einlöst, das er ihm gegeben hat. So kommt er, vom Heiligen Geist geführt, jeden Tag zum Tempel. Sitzen Sie jetzt neben ihm auf den heißen, staubigen Stufen des Tempels. Der alte Mann ist rechtschaffen, betagt, geduldig; er wartet auf Trost. Und während er wartet, weiß er zugleich, daß der Heilige Geist mit ihm ist.

Aber Gott läßt sich sehr viel Zeit… Er kommt nicht schon dann, wenn man meint, Er müsse kommen. Simeon muß schon fast die Hoffnung verloren haben, jemals das Christuskind zu schauen. Jetzt, wo Sie neben ihm sitzen, merken Sie, wie sich seine Art des Ausschau-Haltens und Suchens langsam verändert.

2. Schritt:

An diesem Tag ist Simeon zur richtigen Zeit an den richtigen Platz gekommen. Sein Herz ist bereit zu hören, seine Augen geschärft, und plötzlich wird er von Freude erregt. Fühlen Sie sich jetzt ganz in ihn ein, und horchen Sie genau hin, was er bei sich selbst murmelt. Er hat Jahr um Jahr auf diesen einen Augenblick gewartet. Stellen Sie sich seine Gefühle vor, als er das Paar erblickt, das auf den Tempel zukommt, mit einem Kind in den Armen. Was für Gefühle kommen Ihnen? Versetzen Sie sich in ihn hinein, wie er ihnen entgegeneilt und das Christuskind auf seine Arme nimmt. „Jetzt, nachdem ich dich in meinen Armen gehalten habe, kann ich in Frieden gehen." Nehmen auch Sie jetzt das Kind in Ihre Arme. Was empfinden Sie, wenn es zu Ihnen kommt? Sprechen Sie mit Maria und Joseph über die Hoffnungen, die Sie hegen, jetzt, wo Er endlich gekommen ist. Er ist ein Licht für die Welt, aber auch ein Licht für Ihr eigenes Leben. Welche Bereiche Ihres Lebens bitten Sie Ihn für Sie zu erhellen?

Wenn Sie so lange in dieser Szene verweilt haben, wie es Ihnen fruchtbar erschien, geben Sie das Jesuskind seinen Eltern zurück und beschließen Sie sachte diese Meditation.

10

Innere Freiheit finden

Alle Seminare, Exerzitien und Bücher Anthony de Mellos zeigen deutlich, wie wichtig für ihn die persönliche innere Freiheit war. Ich möchte sie als den Geist des Wiedererwachens bezeichnen. Für mich ist dieses Wiedererwachen zur inneren Freiheit der Kern dessen, was Anthony uns vermitteln wollte. Man könnte sagen, es war sein Geschenk für die Menschen von heute. Um zu veranschaulichen, was er damit meinte, zitierte Anthony gern Mahatma Gandhis Werke und hob vor allem das darin steckende spirituelle Element hervor. Er erinnerte daran, daß Gandhi gesagt hatte: „In meinen Augen besteht das Ziel des menschlichen Lebens darin, Gott zu schauen. Um dies zu erreichen, muß der Mensch bereit sein, alles zu opfern." Gandhi strebte nach der Schau Gottes. Seine diesbezüglichen Worte erinnern an das Zitat aus dem Matthäusevangelium, das der heilige Ignatius von Loyola seinem Mitbruder Franz Xaver mit auf den Weg gegeben hat: „Was nützt es einem Menschen, wenn er die ganze Welt gewinnt, dabei aber an seiner Seele Schaden leidet?" (Matthäus 16, 26). Man könnte den Eindruck haben, daß diese Frage sich zu sehr auf einen einzigen Punkt konzentriert. Aber viele Ordensgründer hatten die gleiche „auf einen Punkt gerichtete" Sicht. Will man sich diese Konzentration auf einen einzigen Punkt aneignen, so muß man zuerst ein gewisses Maß an innerer Freiheit erwerben. Viele von uns sind aber durchaus nicht so frei, wie sie vielleicht meinen. Wir sind sehr stark „vorprogrammiert".

Woher stammt diese „Programmierung"? Sie sitzt sehr tief und ist oft durch festgefahrene Verhaltensmuster oder bestimmte Verhaltensrollen bedingt, die uns von Kindheit an prägen. Zur Veranschaulichung dieses Phänomens zitierte Anthony de Mello ein Beispiel aus seiner eigenen Familie. Er erinnerte sich, wie er eines Tages nach einem seiner Seminare eine Ordensschwester zum Bahnhof brachte. Die Schwester hatte einen speziellen Fahrschein, der ungültig geworden wäre, wenn sie nicht einen bestimmten Zug erreicht hätte. Auf der Fahrt zum Bahnhof schien sich alles gegen sie verschworen zu haben. Es wurde immer unwahrscheinlicher, daß die Schwester den betreffenden Zug noch erreichen würde. Anthony geriet in Panik. Aber die Schwester blieb ruhig. Tatsächlich erreichte sie ihren Zug noch, weil dieser seinerseits Verspätung hatte. Anthony erzählte uns, daß diese Schwester ihre entspannte Einstellung ihrer frühen Prägung in ihrer Familie verdankte. In ihrer Familie hatte niemand es schlimm gefunden, einen Zug zu verpassen. Im Gegensatz dazu galt in Anthonys Familie ein solches Mißgeschick als Katastrophe.

Wenn Ihre eigene Familie angesichts bestimmter Probleme wütend oder deprimiert reagiert oder so tut, als gebe es diese Probleme nicht, dann ist das eine „Botschaft für's Leben", die Sie mit auf den Weg bekommen. Anthony selbst hat uns erzählt, als er viele Jahre nachdem er sein Leben als Jesuit angetreten hatte, wieder zu seinen Eltern heimgekommen sei, habe er zu seiner Überraschung und ein Stück weit auch zu seinem Schrecken gemerkt, daß er ganz genau das Abbild seiner Eltern war. Seine Einstellung zu Fremden, zu Gästen – die gelegentlich als etwas lästig betrachtet wurden –, zur Sexualität, zu anderen Religionen und Völkern, zum Geld – ob man es ausgeben oder lieber sparen sollte –, zur Verwendung seiner Zeit, zur Arbeit – all das war von seinen Eltern geprägt. Ihre Reaktionsweisen waren ihm in Fleisch und Blut übergegangen, und er brauchte noch Jahre, bis er genau herausfand, was nun eigentlich seine ganz persönlichen Überzeugungen waren und was Prägungen seiner Familie. Diese tiefgehenden Prägungen machen uns unfrei, und es kann sein, daß wir beträchtliche Mühe darauf verwenden müssen, uns von ihnen zu lösen. Ich erinnere mich an einen Vorfall, der sich kurz nach meiner Priesterweihe ereignete. Ich lebte in einer kleinen Innenstadtgemeinde mit einem sehr freundlichen älteren Mitbruder zusammen, der sehr bekannt und bei den Armen der Stadt sehr beliebt war. Eines Morgens, als er bereits wegen irgendeiner Verpflichtung das Haus verlassen hatte, kam einer der Menschen, um die er sich kümmerte, und pochte an die Tür – es war ein etwas abgerissen aussehender Mann. Ich war gerade beim Reparieren eines Türschlosses, das vor kurzem zertrümmert worden war, und trug einen alten Pullover. Der Besucher hielt mich für einen Handwerker und wollte wissen, wann der Pfarrer zurückkomme. Als ich ihm sagte, das könne länger dauern, torkelte er herein und setzte sich auf einen Stuhl im Flur. Ich brachte ihm eine Tasse heißen Tee, und er schaute mir bei der Arbeit zu. Nach einiger Zeit begann er sich in unserer Wohnung umzusehen, die an diesem kalten Wintermorgen noch deutlich die Spuren eines noch nicht lange zurückliegenden Einbruchs trug und ziemlich schäbig wirkte.

„Ich habe gehört, die Jesuiten wohnen hier", sagte er. „Sie müssen verrückt sein, und der eine, den ich sprechen will, der ist nicht bloß verrückt, sondern auch ein besonders gemeiner Mensch. Er stammt aus Wicklow, wie könnte es auch anders sein; denn die meisten Leute aus Wicklow sind gemein."

Ich sagte, ja, tatsächlich sei das die Wohnung der Jesuiten, und vielleicht seien die wirklich etwas verrückt. Daraufhin fragte er mich: „Kennen Sie einen dieser Priester persönlich?"

Als ich ihm sagte, einige von ihnen würde ich sogar ziemlich gut kennen, kniff er die Augen zusammen.

„Sie sind doch nicht etwa selbst ein Jesuit?" fragte er. Als er sah, daß ich rot wurde, ändert er schlagartig sein ganzes Verhalten. Wild mit den Armen fuchtelnd sagte er: „Eigentlich sind das ja ganz wunderbare Leute, diese Jesuiten. Vor allem sind sie so großzügig. Hätten Sie nicht für mich ein bißchen Kleingeld übrig?" Es grenzte an ein Wunder, wie er innerhalb weniger Sekunden sein Verhalten radikal ändern konnte, auch wenn die Veränderung nicht sehr tief ging. Sollten wir nicht in der Lage sein, die Prägungen unserer Kindheit mit einer ähnlichen Anstrengung zu durchbrechen? Wenn zu Anthony jemand mit einer Neurose kam, stellte er sich selbst die Frage, in welcher Weise dieser Mensch wohl geprägt war. Im Bild eines Autos gesprochen: Wer fährt eigentlich den Wagen? Ist es der betreffende Mensch selbst oder sitzen in Wirklichkeit seine Familienangehörigen am Steuer? Man braucht einigen Mut, um den Wagen anzuhalten, die Passagiere zum Aussteigen zu nötigen – mögen das die Eltern, die Lehrer oder sonst irgendwelche wichtigen Menschen aus der eigenen Lebensgeschichte sein. Mut braucht man deshalb, weil man von da an allein am Steuer sitzt und es vielleicht mit der Angst zu tun bekommt, wenn man nun alle Schwierigkeiten selbst umfahren muß.

Es gibt eine hilfreiche Faustregel, die einem zu erkennen

hilft, ob man eine bestimmte „Wahrheit" oder ein Element seiner „Lebens-Prägung" wirklich als ureigene Überzeugung vertritt. Wenn Ihnen jemand widerspricht, geraten Sie dann in Wallung, werden aufgeregt und emotional? Wenn ja, so sagte Anthony, dann ist das ein Anzeichen dafür, daß Ihnen die in Frage stehende Überzeugung von anderen eingeimpft worden ist oder Sie sie von ihnen übernommen haben. Bei wirklich eigenen Überzeugungen sind Sie viel freier darin, sie abzuändern oder anzupassen. Ein freier Mensch kann anderen zuhören und von ihnen lernen; wo notwendig, kann er sich und seine Ansicht ändern oder abwandeln. Hinterfragen Sie also alles. Schützen Sie sich vor jeder Indoktrination, indem Sie zwei Fragen stellen: „Warum?" und „Warum eigentlich nicht?"

Anthony erzählte uns, wie der berühmte Bischof Butler einmal über die radikalen Veränderungen sprach, die er in den letzten fünfzig Jahren in der Kirche erlebt hatte. In den dreißiger Jahren habe es Dinge gegeben, von denen er, Bischof Butler, nur geträumt habe, aber er habe nicht gewagt, die Frage „Warum?" zu stellen. Viele seien aus der Kirche hinausgeworfen worden, weil sie „Warum?" gefragt hätten. Oft hätten sie diese Frage nur aus Liebe zur Kirche und aus Treue zu Christus gestellt. Daher schlug Anthony vor, sich an den Grundsatz zu halten: „Wenn ich etwas nicht einsehe, glaube ich es auch nicht."

Es ist wichtig, diese beiden Fragen „Warum?" und „Warum eigentlich nicht?" ohne aggressiven Unterton zu stellen. Die Dinge zu hinterfragen hat nichts mit einem Mangel an Loyalität zu tun. Ehrliches Fragen ist notwendig. Ein lebendiger Fisch schwimmt gegen den Strom. Nur ein toter Fisch treibt mit der Strömung.

Schädliche „Lebens-Prägungen" können wir nicht immer aus eigener Kraft umwandeln. Manchmal brauchen wir Weggefährten, die uns dabei helfen, zu innerer Freiheit zu erwachen. Deutlicher denn je wurde mir dies, als mir ein alter Leprakranker auf Molokai, der Leprakolonie von Pater Damian Deveuster auf den Hawaii-Inseln, seine Lebensgeschichte erzählte. Man hatte bei diesem Mann Lepra diagnostiziert, als er gerade sechs Jahre alt war. An seiner Schule war eine Gesundheitsinspektion durchgeführt worden, und danach bekamen seine Eltern unverzüglich die Nachricht, ihr Sohn sei krank und werde am Mittag des darauffolgenden Tages aus seiner Familie entfernt und in die Leprakolonie gebracht. Das Kind wehrte sich mit Schreien und Tritten dagegen, ohne jede Vorwarnung aus seiner vertrauten Umgebung herausgerissen und unter wildfremde Menschen in die Leprasiedlung verschleppt zu werden. Der alte Mann erzählte, einen Monat lang habe er damals zwischen Leben und Tod geschwebt. Er habe allen Lebenswillen verloren gehabt. Dann nahmen ihn eines Morgens zwei freundliche leprakranke Frauen an eine nahegelegene steile Klippe mit, die auf der Insel die Bereiche der Kranken und der Gesunden voneinander trennt. Als er die Klippen hochschaute, stand da oben plötzlich seine Mutter. Er konnte sich noch fast sechzig Jahre danach so genau an das Gesicht seiner Mutter erinnern, als sei alles erst am Tag zuvor geschehen. Sie war von Kopf bis Fuß in einen langen schwarzen Mantel gehüllt, ihr Gesicht war von einer Kapuze umrahmt, und sie hielt eine Bibel in den Händen. Sie fing an, ihm Psalmen vorzusingen. Ihre Stimme war wunderbar wohlklingend. Das dauerte ungefähr eine Stunde. Dann winkte sie ihm mit der Hand, und sie hatte Tränen in den Augen. Danach trat seine Mutter vom Rand der Klippen zurück und verschwand. Der Leprakranke erzählte mir, daß ihn dann die beiden Frauen wieder denselben Weg mit zurückgenom-

116

men hätten. Sie hätten ihm liebevoll zugeflüstert: „Du mußt dich jetzt entscheiden. Nur du selbst kannst entscheiden, ob du leben oder sterben willst. Deine Mutter hat alles für dich getan, was sie tun konnte." In diesem Augenblick und unter dem Einfluß der Güte und mitfühlenden Sorge der beiden Frauen beschloß er, seine ganze Energie darauf zu verwenden, zu leben. Zum Schluß sagte mir der alte Mann, in den sechzig Jahren seit damals habe er seinen Entschluß nie bereut. So hatten die beiden Frauen durch ihr Eingreifen den Lebenswillen in ihm wiedererweckt.

Es ist eine anspruchsvolle Aufgabe, diesen Lebenswillen eines Menschen wiederzuerwecken. Man muß sehr feinfühlig vorgehen, damit dieses Ergebnis erreicht wird, ohne daß der betreffende Mensch in seiner Selbstachtung beeinträchtigt wird. Ein alter Mann in Westirland erzählte mir die folgende Geschichte aus seinem Leben, die anschaulich zeigt, daß sein Vater ein Meister dieser Kunst war. Er hat dieses Ereignis nie vergessen. Immer noch erinnert er sich ganz genau daran, wie er in seiner Jugend jeden Tag nach der Schule in Begleitung seiner Schulkameraden heimgehen mußte. Ihr Weg führte durch eine schöne Landschaft. Seine Mutter war eine strenge Frau und bestand darauf, daß er unverzüglich nach Schulschluß heimkam. Dort stand dann immer bereits für ihn und seinen Vater eine heiße Mahlzeit auf dem Tisch. Aber vor allem an Sommernachmittagen gab es entlang des Heimwegs viele verlockende Dinge. Manchmal hielten sich seine Mitschüler damit auf, Kühe zu verjagen, Fische zu fangen oder sich einfach irgendwo in die Sonne zu setzen. Seine Mutter ärgerte sich darüber. Das Essen, das sie eigens für ihn und seinen Vater gekocht hatte, brannte immer wieder an. Außerdem mußte dann auch sein Vater, der seine Arbeit

117

eigens für das gemeinsame Mittagessen unterbrochen hatte, wartend dasitzen, während die Mahlzeit auf dem Herd verkochte. Eines Tages, so erinnerte sich der alte Mann, setzte die Familie sich zusammen und besprach das Problem. Sein Vater erklärte ihm, wie sehr es seine Mutter ärgerte, wenn das Essen verkochte. Von jetzt an sollte der Junge rechtzeitig heimkommen oder die Konsequenzen seines Verhaltens tragen. Einige Tage danach bummelte der Junge doch wieder auf seinem Heimweg, und als er schließlich zu Hause ankam, fiel ihm plötzlich ein, daß er versprochen hatte, sich zu bessern. Erschrocken ging er ins Haus. Vom Tisch her wehten ihm köstliche Düfte entgegen. Seine Mutter hatte eines seiner Lieblingsgerichte, Steak mit Zwiebeln, zubereitet. Aber ihn erwartete eine böse Überraschung. Auf dem Tisch waren nur zwei Gedecke, eines für seine Mutter und eines für seinen Vater. Da er zu spät kam, stand an seinem Platz nur ein Glas Wasser. Schweigend und betont langsam widmete sich seine Mutter dem Essen. Jeder Bissen schien ihr köstlich zu schmecken. Der Junge wußte, daß ihm recht geschah. Er mußte wohl leer ausgehen und hungrig ins Bett gehen. In diesem Augenblick schob ihm sein Vater schweigend seinen Teller zu und bedeutete ihm, er solle essen. Langsam dämmerte dem Jungen, daß sein Vater auf sein Essen verzichtete. Der alte Mann sagte: „Das war die schwierigste Mahlzeit, die ich je gegessen habe. Jeder Bissen schien eine Ewigkeit zu dauern, bis ich ihn schlucken konnte. Ich wußte, daß mein Vater für mich auf sein Essen verzichtete. Auch wenn er meine Gedankenlosigkeit gegenüber meiner Mutter nicht guthieß, liebte er mich trotzdem. Er verabscheute die Rücksichtslosigkeit, aber liebte den Übeltäter und hoffte, ich würde mich bessern. Das war eine Lektion, die ich nie vergaß." Gott übt an uns das gleiche liebevolle Verzeihen.

Er hat die Macht, aus Bösem Gutes hervorgehen zu lassen. Nehmen Sie also Gottes liebevolles Verzeihen an, und lassen Sie davon Ihr „besseres Ich" wiedererwecken.

Es gibt eine Legende über den heiligen Petrus, nachdem er Christus verleugnet hatte. Er fühlte sich so schlecht, daß er glaubte, Jesus werde ihm nie verzeihen können. Mit dieser Vorstellung im Herzen ging er nach Jerusalem und schüttete sein Herz Maria aus. „Was muß Jesus von mir denken? Ich kann überhaupt nicht erwarten, daß Er mir das je verzeihen kann." Maria gab ihm zur Antwort: „Petrus, erinnere dich, was Er selbst zu dir gesagt hat: Nicht siebenmal, sondern siebenundsiebzigmal. Jesus hat dir längst verziehen. Du mußt jetzt lernen, dir selbst zu vergeben."

Lassen Sie es nicht zu, daß Schuldgefühle Sie beherrschen. Anthony de Mello hat immer wieder darauf hingewiesen, daß Schuldgefühle ichbezogen und selbstsüchtig sind. Sie sind auf den Kopf gestellter Stolz. Es ist bedauerlich, daß ich mich schlecht benommen habe, aber deshalb geht die Welt nicht unter. Denken Sie daran, daß jede Sünde schon vergeben wird, noch ehe sie begangen wird. Vergeben Sie deshalb auch sich selbst und glauben Sie an sich selbst, aus dem Wissen heraus, daß Christus Ihnen schon vergeben hat. Der am stärksten einschränkende Unglaube besteht darin, nicht an sich selbst zu glauben. Wenn Sie gegen diesen Unglauben nicht angehen, kann dies verhindern, daß Sie zu innerer Freiheit wiedererwachen. Wenn Sie das Leben lieben, liebt auch das Leben Sie.

Diese Gabe, das Leben zu lieben, muß man pflegen. Zum letzten Osterfest war ich zur Osternachtfeier in ein liturgisches Zentrum in Nordirland eingeladen. Die Fastenzeit war lang und kalt gewesen, und viele der Gesichter, die ich vor mir sah, schienen Ermutigung zu brauchen.

Die Feier war zeitlich so angesetzt, daß die Messe im ersten Licht des Ostermorgens endete. Wir begannen in völliger Dunkelheit im Freien auf einem Hügel. Dort hatte man einen großen Holzstoß aufgeschichtet, und der Geistliche verglich in seiner Ansprache die Fastenzeit mit unserem eigenen Leben. Er sagte, beides sei zuweilen finster und schwermütig, aber ein altes irisches Sprichwort sage: „Wenn du dir zur Stunde der Finsternis einen grünen Zweig in deinem Herzen erhalten kannst, schickt dir Gott einen Vogel, der beim Morgengrauen von diesem Zweig aus zu singen anfängt." Während er diesen Satz sprach, wurde das Osterfeuer angezündet. Die Flammen schlugen hoch, und in diesem Augenblick kamen drei Umstände zusammen, um ein wunderbares Bild zu erschaffen. Das Feuer brannte, die ersten Dämmerstreifen zogen am Himmel auf, und etliche Vögel begannen zu zwitschern. Selbst der niedergeschlagenste Mensch konnte davon nicht unerschüttert bleiben. Die Hoffnung, die wir während der langen, dunklen Tage der Fastenzeit genährt hatten, brach beim Gesang der Vögel auf. Sie schienen vom Himmel gesandt zu sein, um uns von dem grünen Zweig in unseren Herzen aus vorzusingen. Es war ein Bild, das Anthony de Mello fasziniert hätte, ein Bild des Wiedererwachens, wie er selbst es in den Menschen bewirken wollte.

Evangelienmeditation
Maria Magdalena salbt die Füße Jesu

Stimmen Sie sich zuerst mit Hilfe einer der vorbereitenden Übungen auf diese Meditation ein. Dann lesen Sie im Evangelium (Johannes 12, 1–8) die Geschichte, wie Maria Magdalena die Füße Jesu salbt. Versetzen Sie sich dann in die Situation hinein, neben Maria Magdalena, wie sie Jesus diesen Dienst erweist. Sehen Sie genau zu, wie sie neben Jesus steht, ihre Sünden beweint und Ihm ein Zeichen ihrer Liebe erweisen möchte. Beobachten Sie, wie sie die kostbare Salbe nimmt und Seine Füße damit salbt und dann mit ihrem Haar abtrocknet. Sie läßt sich nicht davon abhalten, daß Zuschauer dabei sind. Zum Lohn dafür bekommt sie von Jesus die Antwort: „Wahrlich, ihre Sünden sind ihr vergeben, denn trotz ihrer vielen Sünden hat sie mir so große Liebe erwiesen."

Maria Magdalena konnte sich zu dieser Geste nur bewegt fühlen, weil sie zuvor von Jesu Worten über das Verzeihen angerührt worden war. Sie hatte gehört, wie Er mit warmen, heilenden und tröstenden Worten gesagt hatte: „Kommt alle zu mir, die ihr euch plagt und schwere Lasten zu tragen habt. Ich werde euch Ruhe verschaffen" (Matthäus 11, 28).

Versetzen Sie sich also in diese Szene. Seien Sie bei Maria Magdalena, wie sie neben Jesus kniet und Ruhe für ihr wundes Herz sucht. Empfinden Sie mit, wie sie in Seiner Gegenwart Trost findet. Maria war vor allem deshalb fähig, mit ihren Tränen die Füße Jesu zu waschen, weil sie bereits erfahren hatte, wie Jesus auf ähnliche Weise ihr die Füße gewaschen hatte; nicht buchstäblich, aber im übertragenen Sinn: Jesus hatte ja praktisch Sein ganzes Leben der Aufgabe gewidmet, uns mit Seinen Tränen zu waschen. Sie wußte, daß Er alle unsere Schmerzen kannte; daß Er uns so liebte, daß Er unseren Schmerz zu Seinem Schmerz machte, unsere Lasten zu den Seinigen.

So lassen Sie Jesus neben sich knien. Lassen Sie sich von Ihm Ihre Schmerzen, Ihre Lasten, die schlimmen Augenblicke Ihres bisherigen Lebens wegwaschen. Spüren Sie Seine Tränen auf Ihren Füßen, hören Sie Sein Weinen, sehen Sie den besorgten und liebevollen Blick, den Er für Sie hat. Sein Herz ist groß genug, um die ganze Welt umfassen zu können; darum umfaßt Er auch Sie. Lassen Sie schmerzliche Begebenheiten aus Ihrem Leben hochkommen. Jetzt ist die richtige Zeit, um in der Gegenwart Christi Verletzungen, Schmerzen, Verluste oder Probleme zu betrauern, die Sie in Ihrem Herzen bisher gar nicht richtig zulassen konnten. Lassen Sie sich von der Wärme Jesu umfangen und lassen Sie Ihrem Schmerz freien Lauf. Hören Sie schließlich die Worte Jesu: „Was willst du, daß ich für dich tun soll?" Bitten Sie Ihn um Heilung und Erlösung mit den Worten: „Herr, daß ich geheilt werde."

▪ Literatur ▪

Bücher von Anthony de Mello

Gib deiner Seele Zeit. Inspirationen für jeden Tag. Freiburg (Herder/Spektrum 4757) 1999.

Eine Minute Weisheit. Freiburg (Herder), 3. Aufl. 1999.

Warum der Schäfer jedes Wetter liebt. Weisheitsgeschichten. Freiburg (Herder/Spektrum 4523), 4. Aufl. 1999.

Wer bringt das Pferd zum Fliegen? Weisheitsgeschichten. Freiburg (Herder/Spektrum 4304), 6. Aufl. 1999.

Der springende Punkt. Wach werden und glücklich sein. Freiburg (Herder), 9. Aufl. 1999.

Meditieren mit Leib und Seele. Freiburg (Herder/Spektrum 5017) 1998.

Eine Minute Unsinn. Weisheitsgeschichten. Freiburg (Herder/Spektrum 4379), 5. Aufl. 1998.

Die Fesseln lösen. Einübung in erfülltes Leben. Freiburg (Herder), 6. Aufl. 1998.

Von Gott berührt. Die Kraft des Gebetes. Freiburg (Herder), 7. Aufl. 1998.

Wie ein Fisch im Wasser. Anleitung zum Glücklichsein. Freiburg (Herder/Spektrum 4459), 4. Aufl. 1998.

Warum der Vogel singt. Weisheitsgeschichten. Freiburg (Herder/Spektrum 4149), 11. Aufl. 1997.

Mit allen Sinnen meditieren. Anstöße und Übungen. Freiburg (Herder) 1997.

Sonstige weiterführende Literatur

William A. Barry/William J. Connelly: Brennpunkt. Gotteserfahrung im Gebet. Die Praxis der geistlichen Begleitung. Leipzig (St. Benno) 1992.

Niklaus Brantschen: Erfüllter Augenblick. Meditationen für den Alltag. Freiburg (Herder/Spektrum 5030) 1999.

Roy E. Davis: Meditation als Lebenshilfe. Einfache Einführung in die Meditation. Landsberg (mgv), 3. Aufl. 1993.

David Fontana: Meditation. Braunschweig (Aurum) 1995.

Anselm Grün: Herzensruhe. Im Einklang mit sich selber sein. Freiburg (Herder/Spektrum 5023), 3. Aufl. 1999.

Gerard Hughes: In Gottes Lachen einstimmen. Wege zur inneren Freiheit. Würzburg (Echter) 1998.

Willigis Jäger: Geh den inneren Weg. Texte der Achtsamkeit und Kontemplation. Freiburg (Herder/Spektrum 5027) 1999.

Will Johnson: Meditieren – in der richtigen Haltung. Freiburg (Herder/Spektrum 4718) 1999.

Merton, Thomas: Ein Tor zum Himmel ist überall. Zeiten der Stille. Freiburg (Herder/Spektrum 5007) 1999.

David Steindl-Rast: Fülle und Nichts. Von innen her zum Leben erwachen. Freiburg (Herder/Spektrum 5026) 1999.

David Steindl-Rast: Staunen und Dankbarkeit. Der Weg zum spirituellen Erwachen. Freiburg (Herder/Spektrum 4424), 2. Aufl. 1998.

Thich Nhat Hanh: Das Leben berühren. Atmen und sich selbst begegnen. Freiburg (Herder/Spektrum 4729) 1999.

Carlos Valles: Ich sammle Regenbogen. Sich selbst finden. Oberursel (Zwölf & Zwölf) 1998.

White Eagle: Meditation. Grafing (Aquamarin), 8. Aufl. 1996.

Paul Wilson: Zur Ruhe kommen. Einfache Wege zur Meditation. Reinbek (Rowohlt) 1998.

Anthony de Mello
Wer bringt das Pferd zum Fliegen?
Weisheitsgeschichten
Band 4304
Humorvolle, pointierte Geschichten und Aphorismen.

Anthony de Mello
Eine Minute Unsinn
Weisheitsgeschichten
Band 4379
De Mellos geschliffende Skizzen laden in die Leichtigkeit des Lebens ein.

Anthony de Mello
Wie ein Fisch im Wasser
Anleitung zum Glücklichsein
Band 4889
Kurze Meditationen über die bedingungslose, reine Liebe.

Anthony de Mello
Gib deiner Seele Zeit
Inspirationen für jeden Tag
Band 4757
Inspirationen, die nach innen führen und jedem Tag mehr Tiefe geben.

Anthony de Mello
Zeiten des Glücks
Band 5009
Die schönsten Texte de Mellos, die aufmerksam machen auf die tieferen
Möglichkeiten des Alltags. Geschichten, die Herzen verwandeln.

Anthony de Mello
Warum der Schäfer jedes Wetter liebt
Weisheitsgeschichten
Band 4523

HERDER spektrum

Inspiration

Meister Ryokan
Alle Dinge sind im Herzen
Weisheiten des berühmten japanischen Zenmeisters
Band 5035
Wer die poetischen und meditativen Texte des berühmten Meisters
Ryokan liest, spürt die Weisheit des einfachen Lebens, staunt über seine
Liebe für das Unmittelbare und fühlt sich in seinen Bann gezogen.

Ulrich Schaffer
Die innere Stimme
Ein Weg zu sich selbst
Band 5032
Die Welt in uns will gehört und gesehen werden. Zu sich selber finden
heißt: auf diese Stimmen achten und sie besser verstehen.

Bernardin Schellenberger (Hrsg.)
Gib deiner Seele Flügel
Mystische Augenblicke für jeden Tag
Band 5031
Die schönsten und zugänglichsten Texte alter und moderner Mystiker –
ausgewählt für jeden Tag. 365 Inspirationen, die aus der Routine führen.

Niklaus Brantschen
Erfüllter Augenblick
Wege zur Mitte des Herzens
Band 5030
Lärm, Unruhe, Hektik, Streß, Zerstreutheit – damit unser Leben nicht
davon überwältigt wird, können wir Oasen der Stille suchen und ein
neues Gefühl für das Leben finden.

Mahatma Gandhi
Quellen des inneren Friedens
Worte für einen Freund
Band 5029
Menschlich warme und tiefe Gedanken zu den großen Themen des
Lebens, die am Ende dieses Jahrhunderts neue Bedeutung gewinnen.

HERDER spektrum

Antoine de Saint-Exupéry
Man sieht nur mit dem Herzen gut
Band 4886
Von der Zuneigung und Freundschaft zwischen Menschen und darüber,
wie das Eigentliche gelebt werden kann.

Henry D. Thoreau
Leben aus den Wurzeln
Die Inspiration der Stille als Weg zum Wesentlichen
Hrsg. von Susanne Schaup
Band 4507
Einfach leben, achtsam sein – das war sein Weg. Weisheitstexte, die
die wahren Werte des Lebens ins Zentrum stellen.

Khalil Gibran
**Hinter dem Schleier der Nacht
leuchtet das Licht**
Hrsg. von Ursula Assaf-Nowak
Band 4495
Poesie und Leidenschaft, Gedankenklarheit und mystische Tiefe,
eingehüllt in eine faszinierende Bildersprache.

Idries Shah
Das Geheimnis der Derwische
Sufigeschichten
Band 4377
Ein Leben lang auf der Suche nach der letzten Wahrheit.
Die tiefsten und schönsten Erzählungen der geheimnisvollen Meister
aus dem Orient.

Fridolin Stier
Vielleicht ist irgendwo Tag
Die Aufzeichnungen und Erfahrungen eines großen Denkers
Band 4234
Erfahrungen an der Grenze des Lebens. Von der philosophischen
Reflexion bis zum Gedicht. Ein Buch über Krisen, Auflehnung und
niemals aufgegebene Hoffnung.

HERDER spektrum